语言服务研究

[第三卷]

主编：司显柱　执行主编：徐珺

中国英汉语比较研究会
语言服务研究专业委员会

LANGUAGE SERVICE RESEARCH
(VOLUME 3)

中国出版集团

中 译 出 版 社

图书在版编目（CIP）数据

语言服务研究. 第三卷 ：汉文、英文 / 司显柱主编；
徐珺执行主编. -- 北京 ：中译出版社，2023.5
ISBN 978-7-5001-7400-4

Ⅰ.①语… Ⅱ.①司… ②徐… Ⅲ.①翻译事业-服
务业-研究-中国-汉、英 Ⅳ.①H059

中国国家版本馆 CIP 数据核字（2023）第 062257 号

出版发行 / 中译出版社
地　　址 / 北京市西城区新街口外大街28号普天德胜大厦主楼4层
电　　话 / (010) 68359827，68359303（发行部）；68359725（编辑部）
邮　　编 / 100044
传　　真 / (010) 68357870
电子邮箱 / book@ctph.com.cn
网　　址 / http://www.ctph.com.cn

出 版 人 / 乔卫兵
总 策 划 / 刘永淳
策划编辑 / 范祥镇　钱屹芝
责任编辑 / 钱屹芝
营销编辑 / 吴雪峰　董思嫄

排　　版 / 冯　兴
封面设计 / 潘　峰
印　　刷 / 北京玺诚印务有限公司
经　　销 / 新华书店

规　　格 / 710毫米×1000毫米　1/16
印　　张 / 14.25
字　　数 / 210千字
版　　次 / 2023年5月第1版
印　　次 / 2023年5月第1次

ISBN 978-7-5001-7400-4　定价：55.00元

编　委　会

目　录

语言服务学科建设研究

国际语言服务品牌的经济效应

——以孔子学院为例

郭小洁[1]　司显柱[2]

（1. 合肥工业大学；2. 闽江学院 / 北京第二外国语学院）

【摘　要】建立语言服务品牌是语言服务高质量发展的有效路径，也是提升国家语言服务能力的重要方面。本文结合品牌的定义及语言服务的特征初步提出语言服务品牌的概念，并根据语言服务市场的差别区分了国际语言服务品牌及国内语言服务品牌。本文以孔子学院为例阐释国际语言服务品牌的建立过程及其经济效应。本文的研究结果表明，孔子学院作为一种国际语言服务品牌满足了消费者的语言及文化需求，通过与消费者的互动，其背后的价值被消费者接受及认同。与此同时，使用经济学的回归分析方法，本文发现作为国际语言服务品牌孔子学院提供的语言及文化服务降低了语言及文化的信息不对称，向消费者提供了有效的信息，降低了跨国服务贸易成本，促进了来华旅游流量，展示出国际语言服务品牌的经济影响。

【关键词】语言服务；品牌；国际语言服务；国际语言服务品牌；孔子学院

1　引言

国家语言服务能力是指一个国家掌握利用语言资源、提供语言服务、处理语言问题、发展语言及相关事业等方面能力的总和，是衡量国家综合文化实力的重要组成部分 [1]。语言服务及国家语言能力建设也是国家语言战略的重要内容，尤其是随着国家"文化走出去"战略的实施、"一带一路"倡议的开展，国际经贸合作加深，语言服务的经济效应也随之显现，因此学者们聚焦于如何提升国家语言服务能力并探索语言能力如何服务于经济建设。

在经济高质量发展的要求下，对语言服务体系的建设也提出了新的要求，但是语言服务作为一种经验品（Experience goods）和信用品（Credence goods），其质量在消费前不易分辨，极易形成柠檬市场。有学者借鉴信息经济学内容，提出语言服务信号的可观测度与通度是信号强度的两个维度，而信誉及品牌正是质量信号的体现 [2]。语言品牌产生的基础是语言服务的生产及消费，品牌的建立又传递了较高的质量信号。

品牌研究涉及传播学、战略营销、服务经济学、管理学等多个领域，研究内容涵盖品牌识别、品牌价值、品牌案例分析、品牌宣传策略、品牌接受度、品牌形成过程等，然而受限于语言服务统计数据，学界对于语言服务品牌关注较少，尤其在语言服务与其他行业及产业具有较高的融合度的情况下，语言服务往往存在于生产的各个环节之中，难以对语言服务品牌的经济价值及贡献度进行测量，因此国内对于语言服务品牌的经济效应研究较少。

2　研究现状

品牌 Brand 一词来源于古挪威语"Brandr"原指"打上烙印"，即作为识别符号存在，用以区分商品及服务。《辞海》中提出品牌主要指"厂牌""牌子"，是企业为使消费者区分识别其产品或服务，对其提供的货物或服务的名称、术语、记号、象征、设计或组合。詹姆斯·格雷戈里《四步打造卓越品牌》提出了打造品牌的四个步骤：发掘、战略、传播、管理[3]。对于品牌理论的研究从 20 世纪 50 年代的品牌管理理论开始，随后扩展到传播学、心理学、营销学[4]，其中管理学中的品牌研究侧重于品牌资产管理以及品牌战略；营销学更关注品牌的定位、广告，及营销策略；传播学则侧重于广告形式与品牌影响力的分析、品牌形象的传播互动过程；心理学关注品牌价值的联想及品牌认知。

一般认为品牌的形成需要两个关键因素：产品的使用价值以及这种使用价值被消费者认可，品牌的形成是消费者与商品之间的互动，类似于声誉机制的形成过程，消费者重复购买意味着声誉的建立，并进一步激励了生产商生产质量与价格相当水平的产品[2]。语言服务通过向消费者提供语言服务产品满足消费者的使用价值需求，通过消费者的认可后得以建立语言服务品牌。

2.1　语言服务及语言服务品牌

语言服务以跨语言为核心，有狭义与广义之分，广义的语言服务以语言信息转换为中心，包含语言技术、语言能力、语言康复培训等一系列活动及不同场景下语言服务的应用；而狭义的语言服务则指的是翻译服务[5]。语言服务根据服务市场的不同，可以区分为国内语言服务与国际语言服务，屈哨兵指出国际语言服务是为需要国际交往的个人或组织提供的外语服务，属于跨国、跨境语言服务，服务内容包括外语教育和培训、语言翻译（口译及笔译）、语言咨询、语言本地化、面向对象国的外语广播、外语电视、外语报刊宣传、翻译技术工具开发等[6]。因此，国际语言服务"以跨语言能力为核心，以信息转化、知识转移、文化传播、语言培训为目标，为高新科技、国际经贸、涉外法律、国际传播、政府事务、外语培训等领域提供语言翻译、技术研发、工具应用、资产管理、营销贸易、投资并购、研究咨询、培训与考试等专业化服务的现代服务业"[7]。

国内尚无国际语言服务品牌的定义，品牌是一种质量和品质信号，用以区别产品或服务，借鉴王立非等（2022）[7]关于国际语言服务的定义结合品牌的概念，我们将国际语言服务品牌简单定义为，以跨语言能力为核心，以信息转化、知识转移、文化传播、语言培训为目标，向有国际交往需要的个人和组织提供外语服务并获得消费者认可的服务提供者及其所包含的名称、象征、设计或内容组合。

2.2　孔子学院品牌的研究

孔子学院以汉语教学及文化传播为主要工作内容，在国际市场提供语言服务，从经济属性上来说，孔子学院属于一种国际公共物品，旨在满足世界日益增长的汉语需求，增进人们对中国语言文化的了解，加强中外教育文化交流与合作，发展友好中外关系，具有非竞争性、非排他性，需要国家间的合作才能完成，其建立有助于维持世界文化、语言生态平衡，构建和谐世界。

孔子学院在海外建立，进行语言和文化的传播，并拥有完善制度规范，进行组织内部、组织与环境之间的沟通与互动，是多种文化传播模式的有机结合。随着我国汉语教育及文化传播不断推进，国内外学者从理论和实证的角度分析孔子学院对于消除文化壁垒、降低语言差异、促进中国与其他国家的贸易投资方面的贡献[8-10]。

2004年中国启动"孔子学院"项目以来，孔子学院在全球快速发展，截至2018年底，孔子学院已经覆盖全球154个国家，孔子学院总数达到548所，孔子课堂1193个。2006年新华网首次将孔子学院与品牌联系在一起，孔子学院作为一种国际语言服务品牌首次被提及，但仅停留在名称借用层面，较少有学者关注孔子学院作为一种语言服务品牌的内涵及品牌价值实现过程。2015年"第十届全球孔子学院大会"上，时任国务院副总理刘延东从宏观规划的层面提出孔子学院发展"要以提高办学质量为重点，树立品牌意识，大力提升中外院长和教师素质、打造人文交流精品项目。"这表明，孔子学院的品牌不应只停留在名称和标示上，而需要一个系统而复杂的战略。张云（2017）[11]通过运用扎根理论，将孔子学院品牌成长的过程分为：品牌规划、品牌内化、品牌服务及外部传播四个关键环节。孔子学院作为国际语言服务品牌，其服务又包含汉语教学、文化传播等不同内容的子品牌，通过与消费者建立互动关系，传递语言信息、文化信息、经济信息等，满足消费者在汉语教学、文化体验、旅游咨询、商务合作等多方面的需求，服务价值得到消费者认可，并进一步推进品牌的推广传播。

随着语言服务的快速发展以及不断变幻的世界经济政治局势、人类健康环境，学者们开始密切关注语言服务市场，关注语言服务竞争力，拓展语言服务研究范围如语言服务标准、应急语言服务体系建设等，这都属于对语言服务质量的关注。语言服务品牌传递着语言服务质量信号，而现有研究中较少有学者关注语言服务品牌。对语言服务品牌的经济效应分析阐释了品牌信号在纠正市场信息不对称中的有效性。对语言服务所对应的服务市场进行区分之后，我们发现孔子学院已经成为较为成熟的国际语言服务品牌案例。

3 孔子学院国际语言服务品牌经济效应机理分析

品牌的形成需要商品或服务具有满足消费者使用价值的需求，以及这种品牌背后的价值被消费者所认同。因此我们将首先分析孔子学院作为一种国际语言服务品牌满足了消费者哪些语言服务需求，其次再对品牌背后的价值认同过程进行剖析。

3.1 孔子学院国际语言服务品牌认同的形成过程

孔子学院章程将孔子学院建立的主要任务归纳为：（1）汉语教学功能；（2）语言教学资源提供功能；（3）业务认证功能；（4）咨询功能；（5）研究功能。围绕着以上任务，孔子学院在汉语教学、文化推广、品牌建立、平台建设、文化外交方面发挥了一系列作用。

其中品牌的形成离不开产品或服务满足消费者需求的特征，孔子学院作为一种国际语言服务品牌在汉语教学、文化传播、考试认证等方面满足了消费者多方位的需求。

汉语教学是孔子学院的主要任务，孔子学院语言服务品牌通过提供语言教学服务，以较高质量的汉语课程满足了在世界范围内满足了不同国家和地区汉语学习者的语言需求。其次，在海外进行文化传播活动是孔子学院主要功能之一，孔子学院围绕推广中华文化，促进国家间交往开展了全方位的文化推广活动，例如新春华人庆典活动、孔子学院开放日、汉语桥国际汉语竞赛、国际中文日、中国旅游推广、建立中医特色孔子学院、武术特色孔子学院等。多方面多层次的化交流与推广，满足了潜在消费者的多元化的文化消费需求。除了汉语教学和文化推广的任务之外，孔子学院作为国际语言服务品牌还提供汉语水平认证服务、汉语教师资格认证服务、学术讲座服务、文化展览服务、语言及文化教材出版等服务。以汉语水平考试为例，汉语水平考试（HSK）、汉语水平口语考试（HSKK）、中小学生中文考试（YCT）、商务中文考试（BCT）、医学中文水平考试（MCT）等满足了非汉语为母语的学习者在汉语使用、专业汉语领域的水平认证需求，已在全球 155 个国家（地区）设立 1208 个考点，累计服务全球各类中文学习者 3000 多万人次[①]，得到世界汉语学习者的广泛认可，成为申请奖学金、从事汉语相关职业的汉语水平质量信号之一。

产品或服务背后的价值被消费者认同是品牌得以建立的又一重要环节，认同以产品或服务的使用价值为基础，并通过消费者的反复购买或消费与服务提供者产生互动，是消费者确认并接受产品背后所包含的价值的过程。通过问卷访谈，吴晓萍（2011）发现学生参加孔子学院项目后对中华文化的描述词汇从抽象转为具象，文化词汇有所增加，负面词汇有所下降，对价值观符号的描绘的词汇有所增加，例如中国精神的概括由负向的顺从（Obedience）转为正向的自律（Self-discipline）[12]。分析孔子学院作为国际语言服务品牌，其所讲授的汉语课程、进行的汉语资格认证、提供的文化主题日等服务被消费者持续消费，服务内容与品

---

① 数据来源汉考国际官网：https://www.chinesetest.cn/goaboutus.do，访问日期 2023 年 3 月 3 日。

质得到消费者认可，满足了语言、文化学习者的语言文化需求，消费者在参与过程中降低了对中华文化的误解与偏见，逐渐形成对汉语及中华文化的认同，并通过互动参与了品牌价值的进一步传播。

3.2 孔子学院国际语言服务品牌经济效应

语言成本的存在，增加了国际贸易的成本，相同的语言、官方语言和口语的使用因有利降低沟通的难度，而降低贸易成本，有学者将语言成本与关税壁垒做比较，Lonhmann（2011）的研究发现语言障碍每提升10%，贸易流量便会相应地降低 7%—10%[13]。也有学者通过实证研究发现消除了贸易中的语言沟通障碍之后，可以直接提升 44% 的双边贸易流量 [14]。作为一种国际语言服务品牌，孔子学院的经济影响体现在物流、人流、资金流等跨国流动方面。

首先作为国际汉语教育品牌，孔子学院通过提供汉语教学降低了贸易双方的语言阻碍，其次，孔子学院通过汉语教学和文化推广，降低了贸易双方的文化误读，扩大了文化交往，降低了文化阻碍。由于跨国贸易的双方往往使用不同的语言并拥有不同的文化背景，因此在信息传递和交换上需要支付额外的语码转换成本，例如跨国项目前期沟通、合同拟定、监督执行等环节的翻译成本，文化适应成本、法律准入成本等。因此有学者提出拥有共同的母语或拥有相同的官方语言、使用通用语（Lingua franca）能有效降低沟通成本，并提升贸易双方的信任水平 [15]。汉语教学及中华文化推广，增加语言及文化的接触，提升海外汉语学习者的汉语能力，降低语言信息转换成本。

跨国贸易及投资领域，信息的流动及转换并非零成本，因此跨国语言服务作为一种国际公共物品，促进信息流动，存在的正的外部性：这一方面体现在其直接向贸易的双方提供信息及咨询服务，如孔子学院的商务咨询、留学咨询、旅游咨询等服务；也体现在其搭建了信息流动的平台，促成信息的传播。孔子学院国际语言服务品牌的建立过程是海外民众对于品牌的认同过程，是社会资本的累积过程，在此过程中海外民众参与孔子学院的活动的自发参与传播，帮助孔子学院品牌扩大影响范围。以社会资本为基础的社会关系网络，有利于信息的自由、快速流动，参与者更容易接受通过面对面、口口相传、转述等方式传播的信息，一方面降低了信息传递和接收的成本，另一方面降低了信任建立的成本。

4 国际语言服务品牌经济效应的实证检验

本节对国际语言服务品牌的经济效应进行实证检验，选取各年份样本国家孔子学院数量作为国际语言品牌服务的代理变量，以跨国旅游市场为例，检验国际语言服务品牌的建立的经济影响。

引力模型是研究跨国贸易及投资中常见的模型，该模型以万有引力定律为基础，在分析跨国旅游流量方面也得到了很好的应用。其基础模型为：

$$Y = \frac{GM_iM_j}{d} \tag{1}$$

其基本假设是两国之间的贸易、投资流量 Y 与两国的经济体量 M_i、M_j 呈正相关，与两者之间的距离 d 呈反相关。参考 Lien et al.（2014）[16]，王立非，崔璨（2018）[17]，我们使用引力模型作为回归的基础模型，并使用对数化的引力模型：

$$\ln(Y_{it}) = \beta_0 + \beta_1\ln(GDPPC_{it}) + \beta_2\ln(GDPPCH_t) + \beta_3GD + \beta_5\ln(CI_{it}) +$$
$$\beta_6Controls + \mu_t + \lambda_i + \epsilon_{1it} \tag{2}$$

其中，$\ln(Y_{it})$ 代表来华旅游流量的对数，$\ln(CI_{it})$ 是本文核心解释变量，作为国家语言服务品牌的代理变量，各国家各年份孔子学院数量的对数。除了两国的经济体量、地理距离之外，回归模型（2）中还加入了其他控制变量 Controls，对人口规模、是否接壤、网民人口、是否属于儒家文化圈等可能影响两国旅游流量的因素进行控制。β_0 为截距项，其余各 β 为待估计参数。μ_t 为时间效应，如 2003 年非典，2008 年北京奥运会以及金融危机等，λ_i 表示国家效应，ϵ_{it} 代表误差项。

4.1　数据描述及统计

各变量的名称、意义及数据来源如表 1 所示：

表 1　变量名称及数据来源

变量名	变量符号	数据来源
来华旅游人次对数	$\ln(Y_{it})$	UNWTO 世界旅游组织数据库
各国孔子学院数量	CI_{it}	孔子学院年度报告 2006—2019
各国孔子课堂数量	Cr_{it}	
各国人均 GDP 对数	$\ln(GDPPC_{it})$	
中国人均 GDP 对数 [①]	$\ln(GDPPCH_t)$	Worldbank 数据库
15-64 岁人口对数	$\ln(pop_{it})$	
网民占总人口比	Net	
地理距离	GD	CEPII 数据库
是否与中国接壤	Contig	
是否儒家文化圈	Ruj	百度百科网站

　　本文匹配数据后最终得到的样本国家数量为 32 个 [②]，涵盖世界四大洲的主要国家，来华旅游流量总数占全球来华旅游总流量的 85% 以上，时间跨度为 2001 至 2018。对于个别国家某个年份数据存在缺失值的情况，本文采用统计学上常用的多重插补法对缺失值进行补全。数据的描述统计详见表 2。

---

① 中国及其他国家的人均 GDP 以 2011 年不变美元为基期，并使用 PPP 指数进行了平减。
② 样本国家包括：越南、泰国、新加坡、菲律宾、马来西亚、日本、韩国、印度尼西亚、印度、奥地利、比利时、保加利亚、瑞士、德国、丹麦、西班牙、芬兰、法国、英国、爱尔兰、意大利、荷兰、波兰、葡萄牙、俄罗斯、瑞典、土耳其、匈牙利、美国、加拿大、澳大利亚、新西兰。

表 2　数据描述性统计

变量名	平均值	中位数	标准差	最小值	最大值	样本量
$\ln(Y_{it})$	12.258	12.180	1.567	8.093	15.842	594
$\ln(GDPPC_{it})$	10.281	10.586	0.751	7.885	11.495	594
$\ln(GDPPCH_t)$	8.986	9.044	0.444	8.219	9.625	594
CI_{it}	5.997	2.000	13.339	0.000	110.000	594
Cr_{it}	11.446	0.000	54.055	0.000	538.000	594
Contig	0.091	0.000	0.288	0.000	1.000	594
$\ln(GD)$	8.748	8.950	0.541	7.063	9.426	594
$\ln(pop_{it})$	16.887	17.102	1.381	14.751	20.621	594
Ruj	0.121	0.000	0.327	0.000	1.000	594
Net	58.615	65.050	27.176	0.660	107.419	594

4.2　回归结果及解读

对数据的基础回归结果如表 3 所示：

表 3　基础回归结果

变量	（1） $\ln(Y_{it})$	（2） $\ln(Y_{it})$	（3） $\ln(Y_{it})$	（4） $\ln(Y_{it})$
$\ln(CI_{it})$	0.236*** （0.04）	0.230*** （0.05）	0.204*** （0.04）	0.083*** （0.01）
$\ln(GDPPC_{it})$	0.713*** （0.10）	0.720*** （0.10）	0.932*** （0.09）	0.786 （0.40）
$\ln(GDPPCH_t)$	-0.393*** （0.12）	-0.348** （0.17）	-0.315* （0.17）	—
$\ln(pop_{it})$	0.683*** （0.04）	0.684*** （0.04）	0.636*** （0.03）	1.318 （0.66）

变量	（1） ln(Y_{it})	（2） ln(Y_{it})	（3） ln(Y_{it})	（4） ln(Y_{it})
ln(GD)	-1.638*** （0.11）	-1.629*** （0.11）	-1.362*** （0.17）	–
Contig	0.900*** （0.14）	0.892*** （0.14）	1.207*** （0.16）	–
Net	0.016*** （0.00）	0.016*** （0.00）	0.014*** （0.00）	0.009* （0.00）
Ruj	0.033 （0.18）	0.026 （0.18）	–	–
Cons	9.918*** （2.03）	9.303*** （2.32）	4.967** （2.21）	-18.100* （7.22）
时间效应	否	是	是	是
区域效应	否	否	是	否
个体效应	否	否	否	是
N	594	594	594	594
R-Square	0.776	0.783	0.842	0.974
Adj.R-Square	0.773	0.774	0.834	0.973

注 *，**，*** 分别表示在 10%，5%，1% 的水平上显著，回归结果（1）—（2）括号中报告了稳健标准误，（3）—（4）中汇报了聚类稳健标准误，（2）—（4）为 LSDV 估计。

首先使用混合回归，得到结果（1），随后逐步控制时间效应及个体效应，从（1）—（4）的回归结果看来，孔子学院的系数均为正并且呈现出统计上的显著性。在其他条件不变的情况下，孔子学院每增加 1% 对于来华旅游促进的效应约为 0.083% 至 0.236% 之间，国际语言服务品牌在来华旅游方面降低了语言障碍，降低了文化之间的陌生感，有利于促进信息的流动，回归系数与我们预期相符合，这也验证了国际语言服务品牌的建立的经济效应。

地理距离的回归系数为负，一般情况下，两地的地理距离越远，所需的运输成本越大，因此在来华旅游方面，地理距离的增加将会抑制来华旅游流量增长，这与我们的预期相符。此外，客源国的人均 GDP 收入与人口规模一定程度上反映出该国的潜在消费能力及旅游市场的大小，一般情况下，客源国的人均 GDP 与人口规模与跨国旅游流量呈正相关关系。表 3（1）—（4）的回归结果显示 $\ln(GDPPC_{it})$ 与 $\ln(pop_{it})$ 的回归系数均显著为正，这与我们的预期相符。然而中国的人均 GDP，回归系数却显著为负，这与传统引力模型中两国经济体量与贸易流量呈正相关有所差异，我们推测，目的地国的人均 GDP 水平代表了目的地国的消费水平，而中国作为目的地国，其人均 GDP 水平越高，代表其消费水平、物价水平越高，对跨国游客来说，旅行的经济成本会提高，因此不利于来华旅游流量的增长。此外，各控制变量回归系数基本符合预期，一国使用互联网人数越多，表明其信息获取及流动越顺畅，越有利于降低人流、物流、资金流跨国流动的信息障碍；同理，地理毗邻以及处于相同的儒家文化圈，代表地理及文化上的接近，所需的旅行成本及文化成本越低越有利于旅客的流动。

4.3 稳健性检验

为了检验回归结果的稳健性，我们使用各国家各年份孔子课堂数量，替代孔子学院数量，作为国际语言服务品牌的代理变量。孔子课堂与孔子学院性质相似，都属于我国在海外建立的语言文化机构，都肩负在海外进行汉语教学，推广中华文化的任务，不同的是，孔子学院多与国外大学及研究机构合作，而孔子课堂多与汉语教学点、中小学课堂合作，孔子课堂的教学对象是所在中小学及周边中小学的学生。

表 4　稳健性检验

变量	（5）	（6）	（7）	（8）
	$\ln(Y_{it})$	$\ln(Y_{it})$	$\ln(Y_{it})$	$\ln(Y_{it})$
$\ln(Cr_{it})$	0.14***	0.18***	0.18	0.18**
	（0.03）	（0.03）	（0.09）	（0.0）

变量	（5）	（6）	（7）	（8）
	$\ln(Y_{it})$	$\ln(Y_{it})$	$\ln(Y_{it})$	$\ln(Y_{it})$
$\ln(GDPPC_{it})$	0.78*** （0.10）	0.79*** （0.10）	0.79* （0.32）	0.79** （0.35）
$\ln(GDPPCH_t)$	-0.25** （0.11）	-0.30* （0.16）	-0.30 （0.47）	–
$\ln(pop_{it})$	0.74*** （0.03）	0.73*** （0.03）	0.73** （0.20）	0.73*** （0.11）
$\ln(GD)$	-1.68*** （0.11）	-1.68*** （0.10）	-1.68*** （0.19）	–
Contig	0.85*** （0.14）	0.87*** （0.14）	–	–
Net	0.02*** （0.00）	0.01*** （0.00）	0.01 （0.01）	0.01 （0.01）
Ruj	-0.02 （0.16）	-0.00 （0.15）	–	–
Cons	7.43*** （1.71）	7.87*** （1.95）	7.87 （5.92）	7.87 （6.22）
时间效应	否	是	是	是
区域效应	否	否	是	否
个体效应	否	否	否	是
N	584	584	584	584
R-Square	0.777	0.791	0.791	0.791
Adj.R-Square	0.77	0.78	0.78	0.78

注 *，**，*** 分别表示在 10%，5%，1% 的水平上显著，回归结果（5）—（6）括号中报告了稳健标准误，（7）—（8）中汇报了聚类稳健标准误，（6）—（8）为 LSDV 估计。

稳健性检验的回归结果表明，在使用孔子课堂作为孔子学院的替代变量之后，各主要变量的回归系数仍与预期一致。其他条件不变的情况下，孔子课堂每增加 1% 对于来华旅游促进的效应约为 0.14% 至 0.18% 之间，以孔子课堂数量作为国际语言服务的代理变量通过了稳健性检验。

4.4　内生性讨论

内生性产生的原因主要包括：反向因果、遗漏变量、测量误差、样本选择偏差等。在本研究中，孔子学院的建立是一种宏观的文化布局，并非受到经济因素尤其是旅游因素的影响，例如非洲与中国的跨国旅游及贸易流量较小，而中国在非洲建立的孔子学院数量却并不少，因此来华旅游流量与孔子学院建立之间极小可能存在反向因果的关联。其次，在本文中已经控制了经济因素、人口因素、地理距离等因素，尽可能对个体效应进行控制因而降低遗漏变量对模型回归效果的冲击。在样本选择方面，本文的样本涵盖了四大洲的来华旅游主要国家，尽可能地避免样本选择偏差所造成的内生性问题。

为了进一步对内生性问题进行检验，我们使用工具变量和两阶段最小二乘法（Two stage least square，2SLS）的方法进行回归，两阶段最小二乘法首先用内生解释变量对所有外生解释变量和工具变量进行回归，得到内生解释变量的估计值，这一步的目的是为了分离出内生解释变量的外生部分。第二阶则用第一阶段中拟合的自变量估计值代入到原模型中进行回归分析，此时所用的拟合的自变量估计值与因变量不存在相互影响关系的。在工具变量的选择方面，我们使用孔子学院的滞后期作为其自身的工具变量，由于孔子学院建立从国内外高校初步具备合作意向，向国家汉办申请并获批，最终建立一般需要经历一年多的时间，因此我们使用孔子学院的数量的滞后两期作为工具变量进行回归，其回归结果如下：

表5　内生性检验

L2.ln(CI_{it})	ln($GDPPC_{it}$)	ln($GDPPCH_t$)	ln(pop_{it})	ln(GD)	Contig	Net	Ruj
0.22***	0.74***	-0.38***	0.68***	-1.57***	0.93***	0.01***	0.11
(0.07)	(0.12)	(0.15)	(0.05)	(0.11)	(0.15)	(0.00)	(0.16)

Cons	N		R-Square		Adj.R-Square		
9.17***	519		0.783		0.77		
(2.46)							

注 *，**，*** 分别表示在 10%，5%，1% 的水平上显著，括号内为标准误，使用 2SLS 回归

使用孔子学院的滞后两期作为工具变量进行两阶段最小二乘的回归结果表明，各核心变量和控制变量回归系数与显著性仍与预期相符，在考虑内生性的情况下，孔子学院的建立，作为一种国际语言服务品牌仍能显著促进来华旅游流量的增长。

5　结论及建议

本研究仍有一些不足之处，受限于数据可获得性，一些语言服务品牌的详细划分未能找到合适的代理变量，此外，未对各国的文化状况进行区分。以孔子学院为代表的国际语言服务品牌已经逐渐形成，并涵盖了汉语教育品牌、汉语考试 HSK 及 HSKK 的品牌、汉语桥等多内容全方位的子品牌，并在经济领域发挥广泛的影响。孔子学院建立之初便树立了发展文化推广品牌及汉语教育品牌的发展理念，通过多种子品牌的打造逐渐形成适应海外发展并拥有广阔社会资本的综合品牌，本研究的结论以来华旅游数据验证了孔子学院作为一种国际语言服务品牌的经济影响，为语言服务品牌研究提供思路。

基于孔子学院作为一种国际语言服务品牌的研究，本文提出以下建议：

一、强化品牌意识实现高质量发展；我国语言服务市场规模持续扩大，国家语言服务竞争力不断提高，对于语言服务质量及品牌的需求不断增强，而现有的语言服务市场，对语言服务品牌的关注不足。语言服务市场高度分散、垄断竞争，语言服务品牌仅存在于语言服务行业金字塔结构顶端。语言服务提供者尤其是众多小而分散的语言服务提供者缺乏品牌战略思维及策略，极易形成低质竞争。品牌意识的强化是实现差异竞争、降低市场搜寻成本、传递质量信号的有效方式。

二、丰富品牌内容形成相互连贯的产业链；孔子学院品牌是集汉语教学、文化推广、学术交流、商务合作平台为一体的品牌体系，是一个相互协调，品牌内容不断延伸的发展过程，因此在语言服务品牌的建设过程中，丰富品牌内容或与优势上、下游品牌合作，进行产业链的延伸能实现自身质量和服务价值的最大化。

三、关注品牌建立的基础加强语言服务品牌理论研究。理论研究是对现实发展的经验总结又服务于语言服务建设，完善语言服务品牌的概念界定、丰富语言服务品牌的理论基础研究有助于建立语言服务品牌的战略布局，助推语言服务品牌实现语言价值到经济价值的转化。

除了国际语言服务品牌之外，科大讯飞语言识别技术、中译语通、新东方英语、文思海辉等语言技术品牌、语言培训教育品牌、翻译服务品牌领域仍有较大的研究空间，尤其是随着人工智能语言及神经网络的发展，ChatGPT 及 Sparrow 等人工智能语言模型出现，语言服务品牌面临着新的竞争环境，语言服务的竞争与合作是产业间、是国家间、是传统语言技术与人工智能的竞争与合作，语言技术进步倒逼语言服务质量提升。因此如何进一步发展和规范语言服务品牌，如何建设语言服务品牌，建设什么样的品牌以提升整体国家语言服务能力及竞争力值得进一步思考。

参考文献

[1] 杨丹等. 指数全球 2021[M]. 北京：外语教学与研究出版社，2021.

[2] 姚亚芝. 我国语言服务市场逆向选择问题治理研究 [D]. 北京：北京交通大学，2020.

[3] 格雷戈里. 四步打造卓越品牌 [M]. 哈尔滨：哈尔滨出版社，2005.

[4] 刘华军. 品牌的经济分析 [D]. 济南：山东大学，2008，230.

[5] 司显柱，郭小洁. 试析中国翻译服务市场现状：基于柠檬市场理论 [J]. 中国翻译，2016（05）：65-69.

[6] 屈哨兵. 我国语言活力和语言服务的观察与思考 [J]. 学术研究，2018（03）：155-160.

[7] 王立非，金钰珏，栗洁歆. 语言服务竞争力评价指标体系构建与验证研究 [J]. 中国翻译，2022，43（2）：10.

[8] 连大祥，王录安，刘晓鸥. 孔子学院的教育与经济效果 [J]. 清华大学教育

研究，2017（01）：37-45.

[9] 许陈生，王永红. 孔子学院对中国对外直接投资的影响研究 [J]. 对外经贸大学学报，2016（2）：58-68.

[10] 李青，韩永辉，韦东明. 文化交流与企业海外并购——基于"一带一路"孔子学院的经验研究 [J]. 国际经贸探索，2020，36（08）：81-96.

[11] 张云. 孔子学院的品牌成长 [D]. 济南：山东大学，2017，237.

[12] 吴晓萍. 中国形象的提升：来自孔子学院教学的启示——基于麻省大学波士顿分校和布莱恩特大学孔子学院问卷的实证分析 [J]. 外交评论（外交学院学报），2011，28（01）：89-102.

[13] 王立非，崔璨. 基于语言障碍指数的"一带一路"语言服务难度评级研究 [J]. 中国翻译，2018，39（02）：72-77.

[14] Lohmann J. Do language barriers affect trade?[J]. *Economic Letters*, 2011, 110(2):159-162.

[15] Egger P H, Lassmann A. The causal impact of common native language on international trade: Evidence from a spatial regression discontinuity design[J]. *Econ J*, 2015, 125(584):699-745.

[16] Melitz J, Toubal F. Native language, spoken language, translation and trade[J]. *J Int Econ*, 2014, 93(2):351-363.

[17] Lien D, Ghosh S, Yamarik S. Does the Confucius Institute impact international travel to China? A panel data analysis[J]. *Appl Econ*, 2014, 46(17):1985-1995.

The Economic Effect of International Language Service Brand —Taking Confucius Institutes as an Example

Guo Xiaojie   Si Xianzhu

(Hefei University of Technology, Hefei 230000)

(Minjiang University, Fuzhou 350000)

Abstract: The establishment of language service brands is not only

19

an effective way to develop high-quality language service but also an important aspect to promote national language ability. This paper puts forward a brief definition of language service brand based on the concept of brand and features of language services, and then distinguishes the international language service brand and the domestic language service brand according to the differences of language service market. In order to explain the establishment process of international language service brand and its economic effect, this paper takes Confucius Institutes as a language service brand example. The research results of this paper show that as an international language service brand, Confucius Institutes meet the language and cultural needs of consumers, and through interaction with consumers, the value behind it is recognized and accepted by consumers. At the same time, using the regression analysis, this paper finds that the language and cultural services provided by Confucius Institutes, reduce the information asymmetry of language and culture, provide effective information to consumers, reduce the cost of transnational service trade, promote the flow of tourism to China, and prove the economic impact of international language service brands.

Key Words: Language Service, Brand, International Language Service, International Language Service Brand, Confucius Institutes;

作者简介：郭小洁，博士，合肥工业大学外语学院讲师，研究方向：语言服务业、语言经济。通讯作者邮箱：gxjasmine@126.com。

司显柱，博士，闽江学院"闽都学者"卓越教授，研究方向：系统功能语言学与翻译、语言服务业。

国际语言服务学科的理论基础研究

崔启亮　　张小奇

（对外经济贸易大学）

【摘　要】教育部于 2021 年批准设立国际语言服务二级学科，其一级学科为外国语言文学。国际语言服务的理论基础对于整个学科体系的塑造起到主导性的作用。本文以国际语言服务学科的理论基础为研究问题，从语言服务学科的核心和特征两个方面进行研究，研究认为，翻译学、语言学和经济学是国际语言服务学科的理论基础。翻译学、语言学、经济学相融合，共同支撑国际语言服务学科建设。

【关键词】国际语言服务；语言服务行业；理论基础；学科建设

1　引言

教育部于 2021 年批准设立国际语言服务二级学科，其一级学科为外国语言文学。国际语言服务学科的设立，是对现有外语类学科的有力补充，有助于培养更多涉外高端人才，填补国际语言服务行业的人才缺口。加强学科建设是教育者的责任与使命，学科理论基础是学科建设的核心要素和基础设施。为了加强学科建设，实现学科培养目标，需要确立国际语言服务学科的理论基础。本文通过分析语言服务学科的核心和特征，探讨国际语言服务学科的理论基础，以推动这一新兴学科的健康发展。

2 国内外语言服务学科研究现状

作为一门新兴学科，开展语言服务学科理论基础研究，了解国内外此领域的研究现状是做好研究的基础。国外语言服务发展起步早于国内，成熟度较高，但是在语言服务学科建设方面，国内外出现了分化现象，国内率先设立了国际语言服务学科，在全球语言教育领域开创先河。我们对国际与国内的相关文献进行了综述，梳理当前研究已经取得的进展，并分析其中不足。

2.1 国际语言服务学科研究

本文的语言服务的概念源于国外，最早由美国 CSA Research 公司发布的全球语言服务市场报告中提出。国外学者较早地关注语言服务领域，重点是针对语言服务行业的人才需求，构建以翻译（口笔译）为核心的人才培养体系。Kiraly（2006：68）研究了翻译行业对译者的多重能力要求，并基于复杂性理论探讨了多维度教学方法在人才培养中的效果。Jääskeläinen, Kujamäki 和 Mäkisalo（2011：143）基于翻译过程、翻译专业知识以及翻译社会学，讨论了对专业素质与专业知识的不同定义，指出翻译研究与翻译教育需根据翻译市场的变化，调整人才培养策略。Fiola（2013：61）探讨了专业化翻译（Specialized Translation）的概念和定义，认为翻译人才培养不应完全根据当前的市场需求进行，而要放眼未来。Kenny 和 Doherty（2014：276）提出需要将统计机器翻译（Statistical Machine Translation）融入翻译教学中，并针对以译者为导向的统计机器翻译教学大纲的设计与实施，做出了相应构想。

近几年，语言服务人才培养与市场需求的关系仍然是国外学者的研究热点。Céspedes（2017：107）研究了英国口笔译相关高等教育中的学生就业能力不足现象，提出了当前经济大环境下，毕业生应当着重提升自身灵活性与适应性，同时培养单位需要更好地融合课程与就业实践。Schnell 和

Rodríguez（2017：160）指出高等教育体系难以兼顾教育自主以及市场需求的现状，提出进行课程改革，以平衡理论与实践，使之互相补充、相互增益的构想。Doherty 等（2018：95）认为翻译学科教育忽视了翻译质量评估（Translation Quality Assessment）的重要性，加强翻译质量评估相关培养刻不容缓。Torres-Simón 和 Pym（2019：75）从入学条件、具体语言实践、翻译理论与研究、翻译实习、翻译职业类课程五个方面，对分布在 21 个国家的 67 个欧洲翻译硕士（EMT）项目进行了比较分析，研究发现分布在不同国家的 EMT 项目在不同方面有明显差异，且 EMT 项目缺少根据市场需要进行人才培养的意识。Céspedes（2019：103）探讨了自动化，即机器翻译和数字化翻译辅助工具等技术对翻译研究与翻译人才培养造成的影响。

2.2　国内语言服务学科研究

国内语言服务学科研究还处在起步阶段，近五年来进步显著，成果丰硕。屈哨兵（2007：56）探讨了语言服务的学科类属，认为语言服务可以归入应用语言学，从应用上可以覆盖应用语言学的各个领域，如语言教育、语言规划、语言信息处理、计算语言学等，且与语用学有着密切联系。邵敬敏（2012：4）对比了"语言应用"与"语言服务"的异同，认为应当创立新产业"语言服务业"，并且建立一门新兴学科"语言服务学"。李琳和王立非（2019：19）指出语言服务是语言学的一门新兴交叉学科，涉及的学科和研究领域十分广泛，关于语言服务的研究应注重跨学科研究的理论和方法的应用。王立非（2020：8）对语言服务学科进行了定义，探讨了语言服务学科和翻译学科的区别，以及语言服务学科建设所涉及的学科要素。崔启亮和郑丽萌（2021：53）认为语言服务学科在专业设置上需要多元化，并加强师资队伍建设。蔡基刚（2022：13）认为国际语言学科应当引入专门用途语言作为其基础学科，与其他学科进行交叉，形成跨学科领域。由此可以看出，学界目前对于国际语言服务学科的研究还需进一步深入，对于学科的课程规划、理论基础、专业设置、培养方案等问题还需要进一步探讨。本地化、翻译项目管理和翻译技术是语言服务行业的重要内容，也是语言服务学科的构成部分。崔启亮（2021）分析了国外本地化专业的发展历史与现状，对未来我国本地化专业的建设提出了多方面的建议。

此外，国内学者对于当前已有的语言服务人才培养学科进行了较为深入的探讨。王华树（2014）考察了语言服务行业对翻译管理人才的需求，详细阐述了翻译项目管理课程的课程设置、师资建设、教学方法、教学考核以及教学资源等关键学科要素。刘和平（2014：43）认为人才培养应推行政产学研一体化合作办学，学校和用人单位共同开发培养计划，推行互补式培养，达到1+1＞2的效果。姚亚芝、司显柱（2018）总结了语言服务行业的人才需求。韩林涛、刘和平（2020，2022）探索了"翻译＋技术"语言服务人才培养模式，讨论了推动跨学科融合型语言服务人才培养的路径。崔启亮、黄萌萌（2022）研究了语言服务学科专业核心课程类型和内容。仲伟合、赵田园（2020）系统总结了中国翻译学科和翻译专业的发展历程，并探讨了翻译学科和专业未来发展的需要坚持的路径。

观察当前国内外对语言服务行业和语言服务相关学科的研究，我们可以发现有以下几大热点：语言服务行业的发展动态、语言服务的概念与内容、特定领域内的语言相关问题、语言服务人才培养、语言服务相关学科建设等。国内外语言服务的研究在一定程度上为国际语言服务学科建设奠定了基础。设立国际语言服务学科是立足国家发展和学科建设的需要，是中国教育创新举措。由于国外没有设立语言服务学科，国外针对语言服务学科研究方面基本处于空白状态，无法提供可供借鉴的观点。国内学者关于语言服务学科的理论层面的系统研究较少，虽然论述涉及理论基础的选择，但是并没有深入分析语言服务学科的内涵和特质。对于语言服务学科建设的理论建构还处于起步阶段，分析、借鉴国内外关于语言服务行业和学科建设研究成果，开展学科理论基础研究是语言服务学科发展的先导性和开创性工作。

3　国际语言服务学科内涵、学科特征与基础要求

研究国际语言服务学科的理论基础，首先要根据其学科内涵、学科

特征，确立学科理论基础要求。结合目前学界对于语言服务的定义和服务范围的研究，以及国际语言服务学科和语言服务行业的关系，深度剖析选择国际语言服务学科的理论基础应当考虑的因素。

3.1 学科内涵

学科内涵指的是学科的概念，是对一门学科的定义。学科内涵建设是学科建设的核心，对学科发展起到基础性、根本性作用（严春燕、李永正，2010：249）。只有明确了学科内涵，才能准确把握学科建设的方向。因此，要研究一门学科的理论基础，首先要明确学科内涵。

王立非（2020：7）认为语言服务学科是语言学与信息科学、社会学、传播学、经济学、标准科学等知识领域交叉，涉及人工翻译、机器翻译、翻译项目管理、跨语言大数据分析、多语网站本地化与测试、国际商务语言服务、涉外法律语言服务、国际传播语言服务、国际组织语言服务、语言智库咨询服务、国际文化贸易、术语标准化、多语种培训等多方面的内容的一门学科。对于语言服务的定义有很多种表述。例如，李现乐（2010：16）和崔启亮、张玥（2016：2）将语言服务定义为以语言为内容或以语言为主要工具手段的有偿或无偿的活动，是对翻译服务的拓展与创新。以上的说法同样适用于国际语言服务，但是区别在于，国际语言服务行业更多地围绕国际交流与信息传播方面，为有需求的组织与个人提供语言服务。国际语言服务的内容在语言服务原本的基础上，囊括了更具有跨国意义的服务内容。因此，国际语言服务学科是一门与国内外语言服务行业接轨，以满足国内、国际语言服务行业各类人才需求为目标的学科。

3.2 学科特征

国际语言服务学科是与语言服务行业人才需求相契合的一门学科，其学科建设与语言服务行业的特征相关联。因此，分析国际语言服务学科特征需要从语言服务行业本身出发。

第一，语言服务行业的核心。语言服务行业的核心可以从两个层面分析。从基本层面看，语言服务行业以语言为核心。赵世举（2012：4）和袁军（2014：22）认为，语言服务工作者以语言文字为内容或手段为他人或社会提供帮助，包括利用语言相关的技术与工具完成文字的转换与处理等。王立非（2020：7）认为，语言服务以跨语言能力为核心，这一观点同样将语言（能力）看作整个语言服务行业的核心所在。从语言服务行业的业务构成来看，翻译服务是语言服务行业的中轴，这一现象由来已久，并且在较长时间不会改变。所以，国际语言服务学科以语言文字为核心，以翻译活动为中轴。

第二，语言服务的市场服务属性。语言服务行业是服务业中特殊的一类，原因在于语言服务行业不像金融、运输、通信、工程、旅游等行业具有相对固定的服务群体，语言服务提供商的服务对象来自各行各业，也可能来自语言服务行业本身。王立非（2020：9）认为，语言服务业实际上是一种"元服务业"，即服务于各行各业的服务行业。此外，近年来语言服务的产业化进程不断加快，并且随着经济全球化以及产业数字化转型，语言服务产业将会迸发出新的生命力。这些因素决定了语言服务与市场紧密结合。所以，国际语言服务学科在培养环节具有明显的市场导向性。

以上两个特征影响国际语言服务学科建设的多个方面，包括学科定位、学科属性、学科界面、学科发展等。其中，在学科发展方面，学科特征将深刻影响学科理论基础的选择和支撑。

3.3 基础要求

学科理论基础是指为支撑学科建设而选定的特定理论，在学科建设中起到基础性、主导性、纲领性的作用，是学科建设的核心要素和基础设施。姚亚芝、司显柱（2016：48）认为，语言服务产业与语言学、翻译学、语言经济学、产业经济学等学科之间有着紧密的联系。王立非（2020：8）认为，语言服务学科的人才培养需结合语言学、翻译学、计算机科学、社会学、传播学、经济学等相关学科理论，形成交叉学科理论和跨学科领域。蔡基刚（2022：13）认为，国际语言服务应当引入专门用途语言学，形成自己的基础学科，与其他学科进行交叉。在以上提及的理论类别里，哪些真正适合作为国际语言服务学科的理论基础呢？哪些是国际语言服务学科最基础的理论呢？结合以上观点，我们认为，这一问题应当从以下四个方面进行论证。

第一，理解国际语言服务学科内涵。理解学科内涵是确立学科理论基础的第一步。在国际语言服务学科设立之前，国内高校并未将语言服务作为一门学科进行人才培养，外语类学科体系中没有和语言服务全方位匹配的学科。这不仅需要探讨语言服务的相关定义，还要深度概括当前国内外语言服务行业的结构和发展动态。

第二，抓住语言服务行业的业务内核。我们不可能把所有与语言服务行业相关的理论都容纳到国际语言服务学科建设中。原因是过多的理论课程容易导致培养模式的过度宽泛化，同时不利于培养单位的课程设置与教学实施。所以应当抓住语言服务行业的核心要素，选取合适的理论作为其学科理论基础。

第三，立足语言服务行业的本质属性。语言服务行业是服务业的分支，具有市场属性，语言服务购买方和语言服务需求方共同组成了语言服务市场。近几年，语言服务逐渐与产业联系在一起，语言服务产业化成为不可逆转的趋势。选择合适的理论支撑国际语言服务学科的发展，必然要考虑语言服务产业化的宏观背景。

第四，考察理论体系是否完整、理论是否符合学科未来发展需求，是否被学界所接受。发展成熟、体系完善的理论可以在两个方面发挥重要作用。首先，成熟完备的理论更有利于促进学科研究。其次，成熟完备的理论在实际应用中更加可靠。

4 翻译学、语言学、经济学：国际语言服务学科的理论基础

根据国际语言服务学科内涵、学科特征和基础要求，结合对当前学

界理论发展的观察和对国际语言服务的理解，我们认为翻译学、语言学、经济学是国际语言服务学科的理论基础。翻译学、语言学和经济学是三门分支众多的学科群，因而需要根据国际语言服务学科的定位，更加精准地选择合适的理论来支撑其学科建设。我们认为，翻译学中的社会翻译学、语言学中的计算语言学和经济学中的产业经济学，可以在国际语言服务学科建设中发挥重要作用。我们分析翻译学、语言学和经济学中的特定理论在语言服务中的作用，以及在国际语言服务学科建设中的意义，其结构关系如图1所示。

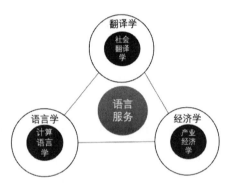

图1　语言服务学科理论基础结构关系

4.1　翻译学

翻译是语言服务行业的核心业务，因而国际语言服务学科需要关注可以指导翻译实践、分析翻译现象的理论。翻译学涵盖了翻译活动的多个方面，包括翻译发展的历史、翻译的类型与标准、翻译流派与理论、译者的专业素养、翻译事业的发展动态等。翻译学研究有很多分支，包括认知翻译学、生态翻译学、社会翻译学、语料库翻译学等。翻译学的各个分支对翻译活动的研究视角都不相同，所以在实际应用环节发挥的作用也不同。在以上分支中，我们认为社会翻译学是语言服务的翻译学理论基础核心，也是国际语言服务学科的重要理论基础。

语言服务是以跨国公司和国家外事部门以翻译为基础的商务和文化活动，是促进社会经济和文化发展的翻译现象和行为，具有鲜明的社会翻译特征。傅敬民和张开植（2022：124）指出翻译是发生于特定社会语境中的人类交际活动，其传播与接受受制于目的语文化社会状况，且翻译策略受制于特定社会条件社会化话语事件。所以，翻译活动与外部社会环境关系密切，从社会学的角度展开翻译研究，是社会翻译学的特征。王洪涛（2016：8）认为社会翻译学从社会学的角度对翻译现象或翻译活动进行的考察，目的主要是更好地认识翻译现象、揭示翻译活动的社会属性。将社会翻译学作为国际语言服务学科的理论基础之一有充足的依据。第一，社会翻译学与语言服务的核心业务相对应，社会翻译学在翻译服务领域具有较高的描写意义和指导作用。第二，社会翻译学对于外部社会情境的理解与国际语言服务的跨文化特征相匹配，社会文化差异是国际语言服务的基本特性。第三，社会翻译学理论发展完善，国内外学者取得了丰硕的研究成果，因而可以更好地应用于学科建设。语言服务已不再局限于文本本身，而是以语言文字为载体，提供跨文化、跨语言性质的服务。国际语言服务学科只有借助社会翻译学对社会机制的分析，才能培养出满足国际语言服务用人需求的全方位语言服务人才。

将社会翻译学作为国际语言服务学科的理论基础之一，可以强化学生对于社会文化中宏观变量的考量，将翻译工作看作文本与文化、语言与社会的结合。此外，社会翻译学对翻译活动以及译者在社会发展中作用的理解，有助于语言服务行业更多地关注语言服务之中的社会机制，为语言服务市场的良好发展提供上层建筑。

4.2 语言学

语言服务行业以语言文字为基础，国际语言服务学科研究需要抓住这一基本特征。王立非（2020：7）认为，语言服务学科是语言学与信息科学、社会学、传播学、经济学、标准科学等知识领域交叉。语言学的基本分支包括语音学、音系学、语义学、句法学、语用学、形态学。实际上，语言学是一个学科群，有 70 多个学科名目，涉及语言结构、语言功能、语言应用、人类语言学习、机器语言学习、语言与生理、语言与认知七大研究领域（李宇明，2018：15）。我们认为，语言学的分支计算语言学可以作为国际语言服务学科的重要理论基础。

计算语言学是语言学的一个分支，也是一门跨学科的研究领域，是从计算的角度对语言进行研究的一门学科。按照俞士汶等（2003：2）的观点："计算语言学指的是这样一门学科，它通过建立形式化的数学模型来分析、处理自然语言，并在计算机上用程序来实现分析和处理的过程，从而达到以机器来模拟人的全部或者部分语言能力的目的。"简言之，计算语言的目标就是分析自然语言，并通过深度学习算法等技术建立算法模型，使计算机具备分析、理解、处理自然语言的能力。近年来，国内计算语言学取得了重大的进展，应用范围不断拓宽，其中最早且最为成功的应用领域为机器翻译。在信息技术迅猛发展的时代，人工智能、深度学习和大数据等技术极大地提高了语言服务行业的业务能力，计算语言学中的机器翻译和语料库技术在语言服务行业广泛应用（中国翻译协会，2022）。此外，在信息检索、语音识别、智能问答、语料库、汉字输入、搜索引擎等领域，计算语言学得到了广泛的应用。计算语言学的理论特性和语言服务技术的发展具有高度相关性，计算语言学在语言技术领域有较大应用空间。

在国际语言服务学科建设中，将计算语言学与翻译技术类课程相结合，可以达到相互增益的效果。计算语言学是一门横跨文科、理科、工科的理论，将其作为国际语言服务学科的理论基础之一，有助于实现学科交叉和学科融合。更重要的是，语言服务行业与人工智能、深度学习等技术相结合，产业链不断延伸，行业进步日新月异，这是对国际语言服务学科建设的一个挑战，而计算语言学可以在技术层面上给予支持，为语言服务学科未来发展插上"科技翅膀"，提供巨大的发展空间，深入体现国际语言服务数字人文的学科特征。

4.3　经济学

国际语言服务学科的人才培养，除了围绕语言服务行业的主要业务和语言内核进行，还要关注语言服务行业的市场属性。经济学研究资源的合理分配和有效利用。经济学分支众多，包括产业经济学、微观经济学、宏观经济学、区域经济学、国际经济学、语言经济学、发展经济学等数十种，且这些分支都有自己的理论内核。结合对语言服务的特性的理解，我们认为，产业经济学可以作为国际语言服务学科的重要理论基础。

司显柱、姚亚芝（2014：68）指出产业经济学的研究对象包括产业组织、产业联系、产业结构、产业布局、产业发展和产业政策研究等，其目的是为制定国家经济发展战略服务。李艳（2020：77）指出产业经济学既包括产业内各企业之间的市场关系研究，也涉及单个企业内部的结构问题分析等。产业经济学作为经济学的重要分支，已经成为我国的产业结构的优化与升级重要理论依据。近年来，我国的经济发展呈现新的态势，数字经济不断壮大，新兴产业蓬勃发展，这给产业经济学的研究方法与策略提出了新的要求，但同时拓宽了产业经济学研究的深度与宽度。产业经济学的理论体系在具体某一产业中同样可以发挥重要作用。

经过近 30 多年的发展，国际和国内语言服务产业已经成为产值巨大的新兴服务产业，根据中国翻译协会（2022：8）的调查统计，2021 年中国语言服务总产值为 554.48 亿元。2020 年语言服务产值预测为 484 亿元。2022 年商务部在《鼓励外商投资产业目录（2022 年版）》文件中，将语言服务行业列入国家鼓励外商投资的产业目录。国际语言服务学科的产业经济特征完全符合产业经济学的研究对象，将产业经济学作为国际语言服务学科的理论基础之一，可以在以下三个方面发挥重要作用：第一，产业经济学可以拓宽语言服务行业从业者对于语言服务产业的认知边界，强化语言服务从业者对语言服务市场运行机制的理解与感知，为语言服务市场提供与市场调研、产品开发、产品推广、产品引进、对外贸易等方面相关的人才。第二，产业经济学可以帮助语言服务企业优化内部结构，探索更适合自身的发展方式，提高自身的资源利用效率。第三，产业经济学中的产业发展理论和产业政策理论可以为国家语言服务行业政策的制定和实施提供指导和参考，帮助语言服务行业健康、有序地发展。

国际语言服务学科的关注点不应局限于外语服务及其衍生类别，还应关注语言服务行业本身的发展。产业经济学不同于研究单个经济单位的微观经济学和研究国民经济的宏观经济学，其理论是在中观层面上对特定产业相关的经济活动与现象进行研究。因此，产业经济学对语言服务行业这样处在上升阶段的产业具有较强的应用价值。

5　结语

国际语言服务二级学科的设立，表明语言服务行业作为蓬勃发展的新兴产业得到了国家、社会的重视。学科的理论基础是推动学科建设和发展的基础性和先导性问题。确立国际语言服务学科的理论基础，应该聚焦国际语言服务学科内涵以及核心属性，选用体系完善、广泛认可的科学理论。本文研究认为语言学、翻译学和经济学作为三门成熟且具有高度交叉性的理论体系，构成了国际语言服务学科的核心理论群。其中，社会翻译学、计算语言学和产业经济学是翻译学、语言学和和经济学的相应分支，是国际语言服务学科中基础理论的重要分支，与语言服务学科内涵与特征紧密关联。确立国际语言服务学科的理论基础，对于推动学科建设具有重要的学术理论研究价值，对于促进语言服务行业发展也具有较好的应用价值。

【参考文献】

[1] Doherty S., Moorkens J., Gaspari F., et al. On education and training in translation quality assessment[M]. Joss M., Sheila C., Federico G., et al. *Translation Quality Assessment:From Principles to Practice*[C]. Cham: Springer, 2018: 95-106.

[2] Fiola M. A. Should the market dictate the content of specialized translation curricula?[J]. *Connexions International Professional Communication Journal*, 2013, 1(1): 59-63.

[3] Jääskeläinen R., Kujamäki P., Mäkisalo J. Towards professionalism—or against it? Dealing with the changing world in translation research and translator education[J]. *Across Languages and Cultures*, 2011, 12(2): 143-156.

[4] Kenny D, Doherty S. Statistical machine translation in the translation curriculum: Overcoming obstacles and empowering translators[J]. *The*

Interpreter and Translator Trainer, 2014, 8(2): 276-294.

[5] Kiraly D. Beyond social constructivism: Complexity theory and translator education[J]. *Translation and Interpreting Studies*, 2006, 1(1): 68-86.

[6] Rodríguez de Céspedes B. Translator education at a crossroads: The impact of automation[J]. *Lebende Sprachen*, 2019, 64(1): 103-121.

[7] Rodríguez de Céspedes B. Addressing employability and enterprise responsibilities in the translation curriculum[J]. *The Interpreter and Translator Trainer*, 2017, 11(2-3): 107-122.

[8] Schnell B., Rodríguez N. Ivory tower vs. workplace reality: Employability and the T&I curriculum—balancing academic education and vocational requirements: A study from the employers' perspective[J]. *The Interpreter and Translator Trainer*, 2017, 11(2-3): 160-186.

[9] Torres-Simón E., Pym A. European masters in translation: A comparative study[M] //*The Evolving Curriculum in Interpreter and Translator Education*. Amsterdam: John Benjamins Publishing, 2019: 75-97.

[10] 蔡基刚. 国际语言服务定位及其课程体系：学科交叉研究 [J]. 东北师大学报（哲学社会科学版），2022（1）：13-19.

[11] 崔启亮，张玥. 语言服务行业的基本问题研究 [J]. 商务外语研究，2016（1）：1-8.

[12] 崔启亮，郑丽萌. 语言服务行业发展与学科建设研究——基于京津冀协同发展的语言服务调查 [J]. 外语电化教学，2021（5）：7+48-54.

[13] 崔启亮. 语言服务行业的本地化专业建设 [J]. 北京第二外国语学院学报，2021，43（1）：12-24.

[14] 崔启亮，黄萌萌. 基于行业需求分析的语言服务核心课程设计 [J]. 外语教育研究前沿，2022，5（4）：34-40+92.

[15] 傅敬民，张开植. 翻译的社会性与社会的翻译性 [J]. 解放军外国语学院学报，2022，45（1）：120-127+161.

[16] 韩林涛，刘和平. 语言服务本科人才培养："翻译＋技术"模式探索 [J]. 中国翻译，2020，41（3）：59-66+188.

[17] 李琳，王立非. 基于计量可视化的我国语言服务研究十年现状分析（2008—

2017）[J]．山东外语教学，2019，40（5）：12-21．

[18] 李现乐．语言资源和语言问题视角下的语言服务研究 [J]．云南师范大学学报（哲学社会科学版），2010，42（5）：16-21．

[19] 李宇明．语言学是一个学科群 [J]．语言战略研究，2018，3（1）：15-24．

[20] 李艳．语言产业经济学：学科构建与发展趋向 [J]．山东师范大学学报（社会科学版），2020，65（5）：76-86．

[21] 刘和平，韩林涛．新文科背景下融合型语言服务人才培养模式 [J]．外语教育研究前沿，2022，5（4）：27-33+91．

[22] 司显柱，姚亚芝．中国翻译产业研究：产业经济学视角 [J]．中国翻译，2014，35（5）：67-71+128．

[23] 王立非．从语言服务大国迈向语言服务强国——再论语言服务、语言服务学科、语言服务人才 [J]．北京第二外国语学院学报，2021，43（1）：3-11．

[24] 王立非．语言服务产业论 [M]．北京：外语教学与研究出版社，2020．

[25] 王华树．MTI"翻译项目管理"课程构建 [J]．中国翻译，2014，35（4）：54-58．

[26] 王洪涛．"社会翻译学"研究：考辨与反思 [J]．中国翻译，2016，37（4）：6-13+127．

[27] 俞士汶，柏晓静．计算语言学与外语教学 [J]．外语电化教学，2006（5）：3-11．

[28] 严春燕，李永正．学科建设规划与学科内涵发展的关系分析 [J]．西南民族大学学报（人文社会科学版），2010，31（9）：249-252．

[29] 姚亚芝，司显柱．基于大数据的语言服务行业人才需求分析 [J]．中国翻译，2018，39（3）：80-86．

[30] 姚亚芝，司显柱．中国语言服务产业研究综述及评价 [J]．北京交通大学学报（社会科学版），2016，15（1）：42-49．

[31] 袁军．语言服务的概念界定 [J]．中国翻译，2014，35（1）：18-22．

[32] 赵世举．从服务内容看语言服务的界定和类型 [J]．北华大学学报（社会科学版），2012，13（3）：4-6．

[33] 中国翻译协会．2022中国翻译及语言服务行业发展报告 [R]．中国翻译协会，2022．

[34] 仲伟合，赵田园. 中国翻译学科与翻译专业发展研究（1949—2019）[J].
中国翻译，2020，41（1）：79-86.

A Study on the Theoretical Foundation of International Language Services

Cui Qiliang   Zhang Xiaoqi

(University of International Business and Economics, Beijing 100029)

Abstract: The Ministry of Education approved the establishment of international language services (ILS) in August 2021 as a secondary discipline under foreign languages and literature. Theoretical foundation plays a significant role in the discipline construction of ILS. This paper aims to identify the theoretical foundation of ILS and we conduct our research by studying both the core and nature of ILS. We find that Translation Studies, Linguistics and Economics are the theoretical foundation of ILS. ILS can integrate Translation Studies, Linguistics and Economics to support its discipline construction.

Key Words: International Language Services; Language Service industry; Theoretical Foundation; Discipline Construction

作者简介：崔启亮，对外经济贸易大学英语学院副教授，100029，研究方向：本地
　　　　　化、计算机辅助翻译、语言服务。
　　　　　张小奇，对外经济贸易大学英语学院 2021 级硕士研究生，100029，研
　　　　　究方向：英语笔译。
基金项目：本文系教育部 2018 年度人文社会科学研究规划基金一般项目"京津冀协
　　　　　同发展的语言服务基础设施需求与设计研究"（项目编号：18YJA740009）
　　　　　的阶段性研究成果。

中国粤港澳大湾区与日本东京湾区的应急语言服务协同机制对比研究

芦 茜

（广东工业大学）

【摘 要】根据《中华人民共和国国民经济和社会发展第十四个五年规划和2035年远景目标纲要》，提高应急语言服务能力是粤港澳大湾区语言能力建设的重要方面。我国大湾区协同化发展的总体方向决定了大湾区应急语言服务建设的协同化发展方向。文章深入分析了大湾区应急语言服务体系的最新建设成果，并通过与日本东京湾区应急语言服务协同机制的对比，指出大湾区应急语言服务协同机制的工作要点应包括统一意识形态下的文书文字协同、先进信息工程手段下的信息协同和多主体合作下的人力资源协同三个方面。

【关键词】应急语言服务；协同机制；中国粤港澳大湾区；日本东京湾区

1 引言

粤港澳大湾区作为推进我国城市群发展战略的重点实践地区之一，近年来，湾区城市在经贸、科技、安全等领域试行了一系列的合作模式

（李艺铭，2020；林彬，2021）。《中华人民共和国国民经济和社会发展第十四个五年规划和 2035 年远景目标纲要》（以下简称国家"十四五"规划纲要）中提到要"完善港澳融入国家发展大局、同内地优势互补、协同发展机制"，进一步强调了大湾区协同发展的重要性。同时，国家"十四五"规划纲要提到了完善国家应急管理体系的目标和方针，要"构建统一指挥、专常兼备、反应灵敏、上下联动的应急管理体制，优化国家应急管理能力体系建设，提高防灾减灾抗灾救灾能力。坚持分级负责、属地为主，健全中央与地方分级响应机制，强化跨区域、跨流域灾害事故应急协同联动"，其中"联动""协同"等关键词再次被提及。

2022 年 2 月，国务院印发的《"十四五"国家应急体系规划》提出了"深化体制机制改革，构建优化协同高效的治理模式"的规划目标，指出了"强化部门协同"和"强化区域协同"两个协同工作要点，并明确强调了"健全京津冀、长三角、粤港澳大湾区等区域协调联动机制"这一具体内容。由此可见，无论是关于大湾区发展还是关于国家应急管理体系建设，"协同"都是关键词。因此，在粤港澳大湾区应急管理体系建设这一课题中，健全协同机制的重要性和急迫性不言而喻。

自 2020 年新冠肺炎疫情暴发之后，我国一批从新冠肺炎疫情这一应急个案而展开的应急语言研究成果应声而出（王立飞、穆雪等，2000；王春辉，2020），继而又产出了一系列从国家治理、国家语言能力建设的高站位来论述国家应急语言服务体系建设的研究成果（赵世举，2020；王辉，2020；刘永厚等，2021）。同时，一些聚焦于粤港澳大湾区应急语言服务的研究（王海兰，2020；王海兰、李宇明，2021）从大湾区语言服务建设的主要方向、大湾区应急语言服务需求等角度进行了论述，提出了较为宏观的建设方略。其中，王海兰（2020）提出了粤港澳大湾区应急语言服务体系"一体化"的观点，并简要提出了建立服务中心、建立联动机制、建立服务队伍等八项"一体化"对策；王海兰、李宇明（2021）探讨了大湾区应急语言服务的主要需求，认为应当包括应急语言服务产品、应急语言服务活动、应急语言服务机制和应急语言人才与应急语言学学科建设等方面。上述两项研究分别从粤港澳大湾区应急语言服务的"一体化"与"需求"两个角度提出了较为宏观的方略，但对于如何在把握需求的基础上深入探讨推进"一体化"的具体方案，还需要进一步分析研究。

同为世界级湾区的日本东京湾区与我国粤港澳大湾区在人口、经济、区域安全等多方面具有相似地位。从突发事件的相似性角度来看，两大湾区同为亚热带季风气候，台风、暴雨等自然灾害多发，且同为特大城市群，火灾、环境污染、核泄漏、传染病、生产伤亡等隐患演变为事故灾难的可能性日益增大，突发公共事件往往都呈现连锁性、复杂性和放大性的特点。东京湾区自"二战"后积累了丰富的防灾应急经验，具备高水平的应急语言服务能力，因此本文同时以东京湾区作为参照对象，以便分析差异，认识差距，汲取经验，有助于在粤港澳大湾区应急语言服务协同机制这一课题上形成一些有价值的思考。

2 两大湾区应急语言服务体系对比

2.1 我国粤港澳大湾区应急语言服务建设现状

粤港澳大湾区因其重要的战略地位，应急管理工作向来是区域管理的重要内容之一。特别是自 2020 年新冠肺炎疫情暴发后，粤港澳大湾区一直面临极大的应急管理考验。我们将结合此次突发公共卫生事件中的应急语言服务实践现状，了解粤港澳大湾区应急语言服务的最新建设成果。

2.1.1 应急语言服务的主体方面

在此次疫情防控中，粤港澳各级政府、高校、社工团体、志愿者个人等主体都有不同程度的参与。2020 年 2 月新冠肺炎疫情暴发后，广东省政府迅速开通了面向在粤外籍人士的 24 小时多语服务热线，由一支由广东外语外贸大学在校生组建的多语种青年志愿者队伍提供热线服务，开通两月后共承接话务近 9000 宗。广州、深圳等城市也相继推出了当地的多语种公共服务平台，由多语人才提供服务咨询和政务类翻译服务。

各市、区的基层社区工作人员在疫情防控工作中同时肩负起了宣传防疫知识、发布应急管理政策的应急语言服务职能。港、澳的基层应急语言服务主体主要为社工团体及志愿者团体，以粤语、英语、客家话等语言（方言）引导民众进行核酸检测、宣传防疫知识。2021年4月深圳市与广州市同时率先出台了支持社会各类应急力量参与应急工作的实施办法，力求保障社会应急力量所需的保险、报酬等保障得以落实。这预示着应急语言服务的主体朝着多元化、专业化、常规化的方向建设发展。今后应当扩充应急语言服务的主体，促进各类社会力量参与到应急语言服务工作中，加强各类应急语言服务主体之间的协作和交流。

2.1.2 应急语言服务的产品方面

面对疫情防控，粤港澳大湾区产出了丰富的应急语言服务产品。首先，我们对印刷类产品中的防疫手册展开了初步调查，通过调查可知，广东省内发行的防疫手册均以简体中文编制而成，部分手册具备双语或多语版本，如深圳市发布的《外籍人士疫情防控手册（2020）》有中、英、法、德、意、俄、日、韩、西、波斯语，多达十种语言版本。港、澳官方发布的防疫手册以繁体中文为优势文字，多为中英双语，其中澳门发行的部分应急手册为中葡双语或中英葡三语。其次，我们对城市语言景观类产品中的大湾区机场、高铁站的应急指示牌进行了初步统计，结果显示，广东省基本为中英双语或多语，繁体中文非常少见；我国香港均为中英双语标示，繁体中文为优势语言，简体中文非常少见；我国澳门多为中英葡三语标示，繁体中文为优势语言，简体中文非常少见。最后，我们对网络空间的应急语言服务产品进行了抽样调查，以应急管理部门的官方网站语言文字使用情况为例，广东省各级应急管理部门的门户网站及微信公众号均为中文简体页面，均未提供双语或多语页面，其中仅有广州、深圳、江门三市的应急管理局官网提供中文繁体页面。港、澳应急关联部门（如消防署/局、卫生署/局、保安局、政府新闻处等）的门户网站均提供繁体中文、简体中文和英文页面，社交账号均以繁体中文为优势语言。上述三项调查结果说明，我国粤港澳三地各部门的应急语言服务产品种类繁多，侧重点各不相同，这充分体现了大湾区多元语言文化这一重要特质。今后应当推出能够既满足不同语言文化背景下的需求也兼具通用功能的应急语言服务产品，有利于提高产品利用率，提高应急语言服务效率。

2.1.3 应急语言服务的信息平台方面

疫情防控期间，我国大湾区各类应急信息平台在突发事态下切实发挥了良好的信息传达作用，目前三地都在积极加强应急管理信息技术的升级改造，以政府与高科技企业联创的方式推进各类信息系统的建设。2021年年初，广东省应急管理厅与中国移动联合成立了广东首个智慧应急研究基地，利用移动5G、大数据等先进信息技术在应急通信、短临预警、全域感知、舆情监测等方面开展应急领域前沿研究和应用，网络应急服务平台建设有望得到强化和提升。同时，港澳方面，中国香港政府"一站通"推出多语种语言平台，以九种语言发布应急信息及政府咨询；中国澳门特区政府于2018年开始建设具备中葡英三种语言服务能力的"应急指挥应用平台"用以应急通讯及指挥。如前所述，互联网、大数据、人工智能等现代信息技术被运用于应急信息通信中，极大地提高了粤港澳大湾区应急语言服务的效率。然而，由于三地平台之间尚未达成信息合作共享，尚未建立联动响应的信息传递机制，因此今后应当朝着功能集约化、去行政边界化的方向进行资源配置提升改造，利用先进的语言工程手段解决粤港澳大湾区信息一体化问题。

2.2 日本东京湾区应急语言服务建设现状 [①]

东京湾区是日本最重要的战略防灾区域，在内阁发布的《防灾白书（令和3年版）》（2021年）中，"首都圈防灾"是一项被多处提及的议题。东京湾区各个城市在"二战"后便相继出台了各自的应急管理条例，

---

① 本文中关于东京湾区应急语言服务的内容主要参考了以下来源：
　a. 内阁府防灾信息网（「内閣府防災情報ページ」http://www.bousai.go.jp/）
　b. 防灾首都圈网（「防災首都圏ネット」http://www.9tokenshi-bousai.jp/）
　c. 东京都防灾主页（「東京都防災ホームページ」https://www.bousai.metro.tokyo.lg.jp/）
　d. 东京都生活文化局（「東京都生活文化局」https://www.seikatubunka.metro.tokyo.lg.jp/）

经过长期不断的完善，其内容已经涉及相当细致的层面，如各市的应急物资采购规范条例、应急设施管理细则等。在湾区应急协作方面，以东京都为中心的六个东京湾城市于 1990 年签订了《灾害时互相援助协定》，后来不断扩充协定主体，现今有东京都、埼玉县、千叶县、神奈川县、横滨市、川崎市、千叶市、埼玉市、相模原市九个东京湾区的核心县市参与协定，通称"九都县市"。由常设机关"九都县市首脑会议——防灾·危机管理委员会"（以下简称"九都县市委员会"）执行统筹规划的职能，并于 2021 年 4 月重新修订了《九都县市灾害时互相援助协定》，旨在优化应急措施、提高九都县市的应急协作能力。2021 年 12 月，日本东京都与都内区、市、町、村之间缔结了《东京都与区市町村灾害时相互合作协定》，城市内各级政府的应急管理工作也开启了合作协定模式。目前东京湾区已经形成了各市精管、湾区内合作、广域合作的多层面分级管理，以及政府、民间团体、志愿者等多主体协调配合的应急管理体系。与此相应，东京湾区的应急语言服务也形成了一个多层次、多主体相结合的协同化体系。

2.2.1 纵向与横向构建相结合的立体化协同服务

应急语言服务体系的纵向构建是指在日本应急语言服务体系的总体框架内，东京湾区的都、县、市、町等各个行政层面以及其主导下的民间团体、志愿者等提供的多层次服务机制；而横向构建是指东京湾内各城市之间形成的多主体协作机制。横向与纵向相结合的紧密协作化是东京湾区应急语言服务体系最重要的运行机制。

在应急语言服务的纵向协作方面，东京湾区地方各级政府建立了较为完善的自上而下的服务体系。日本《灾害对策基本法》规定了日本防灾应急的主体应当是国家、都道府县、市町村以及由政府主导的指定公共机关及指定公共事业，也是日本应急语言服务主体的层次构成。日本自 2007 开始实施《观光立国推进基本计划》，提出实现"多语言多元化"社会的目标，把语言服务事业提高到了国家战略层面。在此背景下，东京湾区城市群从 20 世纪初开始加强了语言景观的多语化改造及设置，各市政府主导下的国际交流中心（如东京国际交流中心、横滨国际交流中心）下设成立了旨在服务外国人群体的"灾害多语言支援中心"，为外国人提供应急语言服务。此外，各市的市町村均有常设的多语言志愿者团体，在平常及突发事态下为外国人提供多语言防灾知识宣传和翻译服务。东京湾区城市的应急语言服务自上而下深入城市基层，并形成了稳定的层次体系。

在应急语言服务的横向协作方面，在九都县市委员会的统筹管理下，东京湾区各城市围绕卫生医疗、防灾救援、城市安全等多个议题联合组建了合作研讨小组，并持续出台了相应的合作条例。例如，由九都县市紧急管理部门要员和医疗保健部门要员组建的"新型流感等传染病对策研讨部"在新冠肺炎疫情期间及时跟进研讨，先后发布了一系列的首都圈疫情防控办法。九都县市委员会每年定期开展首脑研讨会，其中一项重要议题是研讨首都直下型地震发生时如何提供信息帮助和语言服务。自 2013 年开始，九都县市委员会先后与 1 万多家企业店铺签订了《灾害时归家困难者援助协定》，使东京湾区城市群建成了一张密集的基层应急服务网点。此外，九都县市每年会进行联合防灾训练，由各都县市负责发放统一印刷的宣传单，普及各类应急标识，介绍如何使用由各移动运营商提供的紧急事态留言平台，宣传城市应急地图信息（包括湾区跨县市应急交通图、避难地点、提供救援服务的连锁商业店铺名称等）。

以东京都的疫情防控工作为例，根据 2020 年修订的《东京都新型流感等疾病对策指导》的规定，疫情出现后，东京都生活文化局承担信息告知、收集并记录影像资料、与居住在东京的外国人群体进行联络、向海外来东京的游客提供信息等职责。同时，东京都福祉保健局承担对民众进行医疗知识方面的宣传，发布传染病预防宣传单等职责，为不同场合、不同人群（家庭、校园、职场、孕妇、儿童、基础性疾病患者）提供多语种（日、英、中、韩、泰、西班牙语）的卫生手册。东京市政府还设置了"东京都对策总部"，以"东京都新型流感等疾病对策总部报道"的形式对东京都各局、各部门拟印发的宣传内容进行统一管理，由东京都对策总部编制发行物的编号，各局、各部门领取编号后再发行，之后东京都对策总部再将各类宣传信息进行汇编，并公开到"东京都防灾主页"上。另外，根据疫情蔓延的进程，东京都知事应当采取的语言行为内容也被加以了指导性规范（表1）^①。由此可见,东京都的应急语言服务已经达到了较高程度的精细化和分工协作化的水平。

表 1 疫情时的知事语言行为

发生阶段	知事采取的语言行为	语言行为的内容
海外出现期	告知新型流感等疾病的出现	提醒并号召来自或去往疫情发生国家的都民严格执行感染预防条列
国内出现早期 （东京都内未出现）	（必要时采取）	（号召都民严格执行预防感染条例）
东京都内出现早期 （都内感染例被确认）	宣布发生疫情	号召都民严格执行预防感染条例
东京都内感染期 （都内出现数个感染聚集群体）	宣布警戒疫情流行	号召都民严格、彻底地遵守感染预防条例,非必要不外出、不聚集,居家观察
日本针对东京都发布紧急事态宣言	宣布进入紧急事态	依据《新型流感等对策特别措施法》第45条的规定,对人群聚集及使用公共设施加以限制,收集控制疫情扩大化的对策建议
康复期	宣布疫情平息	宣布疫情得到控制、重启社会活动

2.2.2 依托先进信息技术的多元载体协同服务

日本以 ICT 信息通信技术为支撑、以官民合作的形式开发了一系列应急信息平台。首先,全日本统一应急信息平台的建设保障了东京湾区的基本应急通信。2008 年东京都在市、区、町、村的多个域内进行了"J-ALERT"（全日本集约型瞬时报警系统）的紧急信息传递实验,迅速将"J-ALERT"运用到首都圈应急信息服务中。日本大型网络及电信公司与政府合作开发的"灾害用留言电话171""灾害用留言板"推送式应用"safty tips"等也陆续投入使用,信息传递不受行政区域边界的限制,集约高效。其次,为东京地区提供定向服务的信息平台进一步强化了东

---

① 引自发布于"东京都防灾主页"的《东京都新型流感等疾病对策指导》,第 17 页,笔者译。

京湾区的应急通信保障。如"TABIMORI""东京都防灾应用""港区防灾应用"等应急信息平台为包括外国游客在内的东京都辐射区域人口提供包含中、英、法、韩等多种语言以及"简明日语"的应急语言服务。此外，东京都政府联合日本国家信息通信研究所（NICT）在大数据和人工智能技术的加持下，在原有的"灾害短信相关分析系统"和"灾害情况汇集系统"的基础上开发了更具智能化的"语言文字处理平台"，该平台可以实时汇总并分析灾害情况，并根据地点和预设分类将应急信息及时推送至指定人群（张树剑、滕俊飞，2019：61）。由此可知，由于特大城市群应急事件的高度复杂性，以东京都为中心的东京湾城市群正持续投入对先进信息技术的开发和利用，使应急语言服务迈入了智能化阶段。

除了建设智能化应急信息平台，东京湾区城市群还设计了多种应急知识宣传载体，以便提供多样化的应急语言服务。考虑到儿童、高龄者、视听及认知障碍者、在日外国人等特殊关怀人群的不同语言需求，设计如动画片、绘本、广播、盲文应急手册、多语种应急手册、外国人应急卡片、城市应急地图、应急 app 等多种语言服务载体，并对上述载体中的语言信息附加了音声朗读、多语种翻译、"简明日语"转写、大字体、假名标注等表示功能。另外，东京都内还实行了应急标识制度，对城市中各类应急设施进行直观的标记，尽可能地拓宽各类人群的应急信息获取渠道。

2.3　两大湾区应急语言服务机制的对比

上述日本东京湾区建设协同化应急语言服务体系的经验，可为我国粤港澳大湾区应急语言服务协同机制的建立和完善提供有价值的参考。东京湾区应急语言服务的实践成果表明，重视城市群协作职能机关所发挥的统筹规划作用，重视协作应急条例和计划的制定，重视多主体的参与合作，重视先进信息平台的集约建设，重视多元化应急语言服务载体的融合运用，才能使应急语言服务能够在有序的决策机制下高效运行并充分发挥服务作用。

与日本东京湾区相比，我国粤港澳大湾区的应急语言服务取得了一定的实践积累，对标我们国家"十四五"规划纲要以及《"十四五"国家应急体系规划》，我们认为目前粤港澳应急语言服务体系离"完善"的水平还有较远的一段距离，在应急语言服务的主体建设、应急语言服务产品的生产、应急语言服务信息平台建设等方面，均不同程度地暴露出了协作能力不足的问题，需要进一步加强和改进。

3 粤港澳大湾区应急语言服务协同机制的构建

2021 年 11 月，广东省人民政府发布的《广东省应急管理"十四五"规划》明确提出了"全面推动粤港澳大湾区应急管理合作交流，互融共促，健全大湾区应急管理合作机制"的目标。"粤港""粤澳""深莞惠"等一系列应急管理合作协议的签订以及粤港澳三地在交通运输、气象、卫生等领域的协同发展规划的陆续出台，标志着大湾区应急管理工作进入内部多元的双边和多边合作阶段。与此相应，应急语言服务工作也亟须进入湾区内部协作阶段。

基于对我国粤港澳大湾区应急语言服务实践现状的梳理，以及与日本东京湾区应急语言服务协同机制的参照对比，我们认为粤港澳大湾区应急语言服务体系的协同化建设应当着力于以下三个方面：

3.1 文书文字协同

日本东京湾区是社会经济协同发展的高度一体化区域，体制单一，日语是唯一的通用语言并且日语标准音以东京音为基础，因此东京湾区语言生活中的日语具有高度的均质性。与日本东京湾区不同，我国粤港澳大湾区由于存在"一国两制"背景下的"三文"问题，语言服务实践面临更为复杂的情况（殷俊、徐艺芳，2019；王海兰、李宇明，2021；屈哨兵，2021），因此大湾区在建设协同化应急语言服务体系时更应当重视文书文字协同化工作。

3.1.1 各类应急法规及应急预案的整合与规范

我国应急管理的基本立法中尚无有关涉港澳方面规定，港澳两地亦各有独自的应急管理立法或基本纲要。然而，粤港澳三地统筹应急方面还存在着管理机构的缺位、统一立法纲领的缺失现象，使目前三地在突发应急事件中的协作往往表现为临时救援的被动形式。因此，事先将各类临时救援方案以文本形式进行梳理，将其落实为常备联合应急预案，是大湾区语言服务工作亟待推进的内容。近年来，在广东省的牵头下陆续出台了环境、水利、气象、卫生等方面的三地协议规划，然而在协议领域的扩大化、协议细则的深度化等方面有待进一步探索和推进，以促进实现应急管理工作流程和业务标准的统一。

3.1.2 各类应急宣教文本的合作编制与共享

粤港澳三地的各类应急宣教文本种类极为丰富，然而城市之间尚未形成资源的合作共享，一方面存在资源浪费的问题，另一方面存在应急知识及方案不同步问题。对于义务教育阶段的应急知识科普教材、防灾生活手册、行业应急措施办法等知识通用性较高的资源可促进跨市共享，对于涉及区域安全问题等专业性程度较高的宣教资源，例如，出入境口岸安全规章、大亚湾核电站安全规章等文本资料则需要三地合作编制。

3.1.3 应急语言景观、应急部门工作语言的规范化与多语化

我国大湾区城市应急语言景观以及应急部门的工作语言是应急语言服务的重要窗口，这些服务窗口目前尚存在语言服务不完善、水平不均衡、语言文字使用不规范等问题（屈哨兵，2021）。针对这些问题，粤港澳三地需要在提高服务窗口的双语及多语覆盖率、提高多语翻译准确度、规范汉字简繁体的使用、完善并统一规范三地城市应急标识、统一规范应急管理专业术语、确定三地通用表达及称谓等多方面加强优化，以增强大湾区的信息融合度，提高应急语言服务窗口的服务效率。

3.2 先进信息工程手段下的信息协同

《"十四五"国家应急体系规划》对应急管理信息化建设方面做出了规划，提出要"强化数字技术在灾害事故应对中的运用，全面提升监测预警和应急处置能力"。面对突发事件，应急信息能够不受行政区划壁垒的阻塞，迅速且准确地得以流通，是"一国两制"背景下的粤港澳三地应急语言服务体系建设的又一个重点。

3.2.1 各地应急信息平台的去行政边界化

广东省自 2012 年开始研讨应急平台体系数据库技术标准，在全国率先开展应急信息平台建设，截至 2020 年，已统一整合接入 20 个部门 52 个方面的应急管理信息资源，通过信息化建设初步实现了广东省统一应急信息平台的建设。然而，广东省与港、澳的应急信息平台尚未实现对接共享。目前，三地联动信息平台的建设正在被推进，如"粤港澳经贸合作信息平台"（2019）、"粤港澳跨境社会救助信息平台"（2021），但尚未建成应急信息平台。建设粤港澳三地联动的应急信息平台是下一步工作的重点，也是三地应急语言服务协作化得以实现的前提。

3.2.2 各类应急信息平台的功能集约化与高效化

目前粤港澳三地各级政府都在以与高科技企业联创的方式积极推进各类应急信息平台的建设，但存在功能雷同、系统重复建设的问题，导致应急信息数量过于膨胀，无法得到高效处理。2021 年发布的《广东省应急管理"十四五"规划》提出了"监测预警'一张图'、指挥协同'一体化'、应急联动'一键通'"的建设目标，同时广东省应急理厅也于 2021 年发布了"广东'数字政府'平台'一网统管'信息化体系建设计划"。建设广东省功能集约化的综合应急信息平台的计划已经起步，而建设集约了粤港澳三地各类信息平台的综合性平台必将是今后的一项建设目标。

3.3 多主体合作下的人力资源协同

《"十四五"国家应急体系规划》中提出了"构建人才聚集高地""依托高校、科研院所、医疗机构、志愿服务组织等力量建设专业化应急语言服务队伍"的发展目标。以粤港澳三地政府为主导，吸纳社会多种人力资源投入应急语言服务工作中，提高应急语言综合服务能力，常备化建设应急语言服务人才队伍，是促使应急语言服务深入基层、切实为三地居民服务的重要保障。

3.3.1 多行业背景应急语言服务人才的智库建设

为了保障应急语言服务工作能得到稳定的智力支持和持续性引导，大湾区应当组建由应急部门干部、社会语言学专家、信息企业技术骨干等应急语言服务相关人才构成的合作研究机构，探索建立应急语言服务管理专家委员会制度，定期开展应急语言服务课题的交流研讨会，规划粤港澳大湾区应急语言服务体系建设进程，为提升大湾区应急语言服务能力提供智库支持。目前，广东省以政府为主导，依托高校，联合软件及通信企业建立了一些合作研究中心（如广东外语外贸大学多语言服务中心、广东外语外贸大学多语种大数据处理与舆情分析实验教学中心等），这种模式的合作研究有待进一步扩大和加深，有待在粤港澳三地之间开展。

3.3.2 应急语言服务队伍的常备化及联合演练

《广东省应急管理"十四五"规划》中提出了"确保全省各乡镇街道有一个负责应急管理工作的机构，有一支负责应急救援的队伍"的工作目标。与此相应，应急语言服务队伍也应当深入全省乡镇街道，并且以稳定的组织形式确定下来。因此，应当建立应急和特定领域专业语言人才的招募储备机制，建立多语种、多方言服务人才数据库，组建一支专业化的应急语言服务队伍。广东省应向港、澳学习组织管理志愿者团体的经验，引导社区志愿者服务团队深入基层，推动应急知识宣传在企业、农村、社区、学校、家庭进行。另外，举行粤港澳三地应急语言服务联合演练，在不同语言（方言）文化环境下进行形式多样化的应急训练，锻炼应急语言服务队伍能够在紧急情况下高效地支援粤港澳三地。

4 结语

粤港澳大湾区由于其重要的战略地位和相对复杂的语言生态环境，对应急语言服务体系的建设有着更高水平的要求。我们所提出的建立粤港澳大湾区应急语言服务协同机制的三个方面的工作要点，实际上体现了对粤港澳大湾区的政府机构职业语言能力、语言资源管理能力、语言信息处理能力、语言法制建设能力以及语言规划能力等多方面能力提升的需求，而这些语言能力正是国家语言能力的核心构成（苏金智等，2019）。因此，朝着建立协同化机制的方向推进应急语言服务体系建设，既符合国家对于粤港澳大湾区融合发展的展望，也符合提升国家语言能力的战略期待。这需要大湾区各界从大湾区应急语言服务的现实需求着手调研，因地制宜地拟定应急语言服务政策，探索性地实践应急语言服务的各项内容，将建设粤港澳大湾区应急语言服务体系的目标落实到细处，推动大湾区语言服务能力建设，促进国家语言能力的提升。

【参考文献】

[1] 田中ゆかり. 首都圏における言語動態の研究［M］. 東京：笠間書院，2010.

[2] 宮尾克. 多言語防災情報翻訳システムについて［J］. 情報連携基盤センターニュース，2018（3）.

[3] 秦康範. 訪日外国人への災害情報提供の現状と課題［C］. 国際交通安全学会誌，2020（1）.

[4] 新井恭子. 言語学（コミュニケーション理論）から見た『効果的な災害情報伝達のことば』［C］//日本災害情報学会第15回研究発表大会予稿集，2013.

[5] 梁根榮，桐谷佳惠，玉垣庸一，赤瀬達三. 日本在住外国人に対する行政

からの災害情報提供の現状調査：日本在住外国人に提供すべき災害情報
に関する研究［J］．デザイン学研究，2010（57）．

[6] 陈林俊．当代日本灾害应急语言服务研究［J］．语言文字应用，2020（2）：
69-78．

[7] 顾晶姝．日本灾害应急语言服务的实践与启示［J］．浙江师范大学学报（社
会科学版），2020（4）：10-18．

[8] 李宇明．重视突发公共事件中的语言应急问题［J］．语言战略研究，2020
（2）：1．

[9] 刘永厚，殷鑫．中国应急语言服务的现状和提升路径［J］．语言服务研究，
2021（1）：3-16．

[10] 林彬．粤港澳大湾区府际应急协同的信息流通机制［J］．城市观察，2021
（3）：28-37．

[11] 李艺铭．加快推进粤港澳大湾区城市群产业协同发展——基于与东京湾城
市群电子信息产业的对比分析［J］．宏观经济管理，2020（9）：83-88．

[12] 屈哨兵．粤港澳大湾区语言生活状况报告［M］．北京：商务印书馆，2021．

[13] 苏金智，张强，杨亦鸣．国家语言能力理论新框架研究［J］．汉字文化，
2019（21）：3-11．

[14] 王海兰，李宇明．试论粤港澳大湾区的应急语言服务需求［J］．语言政策
与规划研究，2021（2）：4-16+121．

[15] 王海兰．建立粤港澳大湾区一体化应急语言服务体系［J］．广州大学学报
（社会科学版），2020，19（4）：25-26．

[16] 文宏，辛强．粤港澳大湾区重大突发公共事件的应急协同治理机制研究
［J］．城市观察，2021（3）：7-15．

[17] 王辉．我国突发公共事件应急语言服务实践及建议［J］．浙江师范大学学
报（社会科学版），2020，45（4）：1-9．

[18] 殷俊，徐艺芳．粤港澳大湾区的语言多样性与语言战略问题［J］．云南师
范大学学报（哲学社会科学版），2019，51（6）：37-45．

[19] 赵世举．主持人语：应急语言研究的三大视域［J］．语言战略研究，2020，
5（5）：11-12．

[20] 张树剑，滕俊飞．探析日本东京都建设统一联动的城市群防灾减灾体系经
验［J］．中国应急管理，2019（12）：61-64．

A Comparative Study of the Collaborative System in Emergency Language Service between Guangdong-Hong Kong-Macao Greater Bay Area and Tokyo Bay Area

Lu Qian

(Guangdong University of Technology, Guangzhou 510006)

Abstract: One of the most important objectives outlined in the 14th Five-Year Plan of China is to enhance the ability of emergency language service in the Guangdong-Hong Kong-Macao Greater Bay Area (GBA). The overall direction of the collaborative development in GBA calls for a collaborative development of the emergency language service. This paper scrutinizes the latest achievements of the emergency language service system in the GBA, and through comparing the emergency language service in the GBA and its counterpart in Tokyo Bay Area, this study shows that the focuses of the emergency language service collaborative system in the GBA should include the alignment of documents and texts under a unified ideology, the consistency of information in the cutting-edge information technology, and the collaboration of human resources in teamwork.

Key Words: Emergency Language Service; Collaborative System; The Guangdong-Hong Kong-Macao Greater Bay Area ; Tokyo Bay Area

作者简介： 芦茜，广东工业大学外国语学院讲师，博士，硕士生导师，主要研究方向：应用语言学。

基金项目： 本文系广东省哲学社会科学"十三五"规划 2020 年度学科共建项目（项目编号：GD20XZY03）、广州市哲学社会科学发展"十四五"规划 2022 年度共建课题（课题编号：2022GZGJ228）的研究成果。

语言服务人才培养

应急语言服务人才一体化培养
模式构建研究

曹　进　张　璐

（兰州财经大学）

【摘　要】应急语言服务是国家语言服务能力的重要组成部分，是推动语言教育、翻译教育走向国际的基础服务，也是推动语言产业发展、服务国家战略的重要路径。本文尝试提出应急语言人才一体化培养模式，涵盖应急语言服务主要领域、"四位一体"的宏观培养模式、应急语言服务人才一体化培养模式的深度思考等方面。由宏观培养模式与微观培养模式构成的应急语言服务人才一体化培养模式，既符合新文科外语人才培养政策要求，也能够满足地方经济社会发展对应急语言服务人才的需求。

【关键词】应急语言服务；一体化培养；宏观培养模式；微观培养模式

1　引言

人才培养模式是人才培养的核心要素，它是"培养主体为了实现特定的人才培养目标，在一定的教育理念指导和培养制度保障下设计的，由若干要素构成的具有系统性、目的性、中介性、开放性、多样性与可仿效性等特征的有关人才培养过程的理论模型与操作样式"（董泽芳，2012：33）。语言服务源于传统的翻译服务，由于信息技术的广泛应用，翻译产业链不断延伸，逐步发展演变为语言服务行业（王立非，2021）。语言服务"以帮助人们解决语际信息交流中出现的语言障碍为宗旨，通过提供直接的语言信息转换服务及产品，或者是提供有助于转换语言信息的技术、工具、知识、技能等，协助人们完成语言信息的转换处理"（袁军，2014：22）。中国翻译协会（以下简称"中国译协"）将语言服务定义为：以语言能力为核心，以促进跨语言、跨文化交流为目标，提供语际信息转化服务和产品，以及相关研究咨询、技术研发、工具应用、资产管理、教育培训等专业化服务的现代服务业（王立非、刘和平，2022：1）。如何满足社会对语言服务人才需求，探究语言服务人才培养模式是目前亟待探讨的重点课题。本研究探索采用一体化培养模式，即依托相关专业组织机构搭建的宏观培养模式＋具有学校特色的微观培养模式，使其逐渐成为语言服务专业师生共同成长的一体化平台。

2 语言服务主要领域

语言服务"过去一般指语言翻译。今天语言服务的外延要宽得多，除了语言翻译，还包括语言教育、语言康复、语言技术服务等。这些语言服务表征的背后实质上肩负着推动中国经济与文化走向世界、融入世界、影响世界的战略性使命和任务，在国家政治、经济、文化建设等方面发挥着越来越重要的作用"（司显柱，2021：105）。王立非（2020：7）认为，语言服务"是以跨语言能力为核心，以信息转化、知识转移、文化传播、语言培训为目标，为高新科技、国际经贸、涉外法律、国际传播、政府事务、外语培训等领域提供语言翻译、技术研发、工具应用、资产管理、营销贸易、投资并购、研究咨询、培训与考试等专业化服务的现代服务业"。语言服务还包括"精准语言服务"（邓坤宁、王海兰，2022）、"国际语言服务"（刘和平、韩林涛，2022）、翻译服务、救援服务、国际呼叫等。随着计算机技术和网络技术的不断发展、全球化信息化进程的加速推进，语言服务的领域得以不断拓展，服务内容和服务方式日益丰富多彩，语言服务产业也应运而生，它"是以实现跨语言的文化交流和融合为目标，提供翻译、本地化服务、语言技术工具开发、语言培训和教学、多语言信息咨询等服务的现代服务行业"（徐珺、王清然，2021：61-62）。从当前情况来看，语言服务主要包含以下六大领域，如表1所示。

表 1　语言服务主要领域

领域	内容
语言知识服务	提供语言知识：词典编纂、制定规范、语言研究、语料库建设等
语言技术服务	提供语言技术：语音合成、语言识别、输入法、文字鉴定、机器翻译、文字技术、文本转换等
语言工具服务	提供工具产品：翻译器、在线翻译、文字编辑、译述系统、阅读器等
语言使用服务	提供语言使用服务：语言翻译、速记、配音、播音、语音转写、语言测试、应用管理、广告、语言救助等
语言康复服务	为语障人士提供服务：口吃矫正、聋哑人训练、失语症治疗等
语言教育服务	实施语言教育：母语教学、外语教学等

当然，在我们经历知识全球化、信息化和智能化的大数据时代，语言服务的外延与内涵也在持续扩大，成为国家快速发展和对外交往进程中必不可少的环节，"在构建人类命运共同体大背景下，语言服务人才将助力世界各国间进行语言互动交流"（沈国芬，2022）。随着国际传播的进一步扩大和"一带一路"倡议的纵深推进，语言服务行业发展迅速，语言服务行业的快速发展对语言服务研究提出了新的更高的要求。人工智能、大数据、云计算、数据挖掘、机器翻译等数字人文技术等的突飞猛进，也给语言服务带来了更多机遇和挑战。

3 "四位一体"的宏观培养模式

自2020年新冠肺炎疫情暴发以来，反映了语言服务特别是应急语言服务保障重大突发事件和公共危机出现时提供多语言信息对外发布等应急语言救援的必要性。建设应急语言服务人才储备机制刻不容缓。应急语言服务需要相关部门牵头，凝聚多语种外语专业力量、精通少数民族文字、精通手语和盲文的志愿者，吸纳勇于奉献、胆大心细、乐于从事应急语言服务的高校师生，储备应急语言服务人力资源，本着"宁可备而不用，不可用而无备"原则，创建覆盖全球主要语种，包括非通用语种在内的多语种"应急语言服务人才库"。建立人才库志愿者的招募、选拔、考核、培训、演练、实战等机制，培养和储备一支"能战、善战、会战"的应急语言服务队伍，满足重大突发事件和公共危机应对的应急语言服务需求。

3.1 相关机构搭建了语言服务的广阔平台

中国译协先后出台了《中国语言服务行业规范——语料库通用技术规范》《本地化服务报价规范》《笔译服务报价规范》《口译服务报价规范》《翻译服务——口译服务要求》《中国语言服务行业道德规范》等文件，为规范语言服务业起到了积极的指导作用。2022年成立的国家应急语言服务团（以下简称"服务团"）是由志愿从事应急语言服务的相关机构和个人自愿组成的、不具有独立法人资格的非营利性公益联盟组织。服务团主要针对各类突发公共事件应急处置及国家其他领域重要工作中急需克服的语言障碍，提供国家通用语言文字、少数民族语言文字、汉语方言、手语、盲文、外国语言文字等方面的应急语言服务。《国家应急语言服务团三年行动计划（2023—2025年）》（以下简称《行动计划》）明确指出，服务团的四条基本原则包括：第一，政府指导。积极主动接受教育部、国家语委、应急管理部、国家民委、共青团中央等部门的业务指导，确保各项工作始终沿着正确方向前进。第二，多方协同。在统一的规划和组织下，汇聚整合高校、科研院所、协会组织、企业、志愿者等社会各界力量，不断加强应急语言服务队伍建设，持续优化完善应急语言服务体系。第三，公众参与。充分调动社会大众的积极性，引导社会关心、支持、参与应急语言服务工作，使公众既成为被服务的对象，又成为服务的宣传者和提供者。第四,科技支撑。不断加强应急语言服务领域科学研究,秉持数字化工作理念,充分利用各类先进的信息化、智能化技术手段,不断提升工作的科学性、有效性和便捷性。

3.2 专委会构建了优质的协调培养平台

中国英汉语比较研究会语言服务研究专业委员会(以下简称"专委会")是用英语和汉语进行人文科学和社会科学的比较研究、跨学科研究的学术团体。在中国英汉语比较研究会的指导和支持下,专委会通过举办系列学术活动,创办语言服务研究刊物,建立语言服务专业委员会网站等方式,致力于语言服务学科建设,促进国家语言服务能力发展,投身语言服务人才培养,为语言服务业健康、快速发展建言献策。专委会对语言服务人才培养具有重要的方向指导意义。专委会委托相关院校举办的年会针对应急语言服务的诸多问题,推广了应急语言服务教学理念与方法,为专业教学反思提供了学习与交流的平台,为培养单位的语言服务人才理论研究与实践经验交流提供了良好契机,有助于进一步改善语言服务教学质量及创新培养模式,提高了教学质量和办学效益。三届语言服务研究全国学术研讨会分别在北京、河北、山西举办,为了更好地传播、共享语言服务研究领域的学术成果,语言服务研究专业委员会在北京第二外国语学院的大力支持下,出版了《语言服务研究》。《语言服务研究》的理论与实践探索为提升语言服务质量、交流语言服务经验起到了重要的推动作用。《语言服务研究》主要传播语言服务研究理论和实践的最新研究成果,为语言服务研究与语言服务人才培养搭建了学术平台,汇集了学术资源,促进了国内外语言服务研究领域学者的相互交流与合作,有利于推动语言服务研究的健康全面发展。

3.3 语言服务 40 人论坛搭建了优质的校企交流平台

2017 年 9 月 15 日,语言服务 40 人论坛(LSC40)在北京成立。LSC40是一个高端智库,由国内高校、语言服务企业、研究机构中知名专家、学者、企业领军人才自发组成，不定期举办学术研讨。2017 年发布《中国企业"走出去"语言服务蓝皮书（2016）》《全国翻译硕士专业学位研究生教育与就业调查报告》等；2018 年，语言服务 40 人论坛在北京大学举办圆桌会议；2022 年，语言服务 40 人论坛举办了"海南自贸港语言服务出口专题论坛"，同时该论坛预测中国语言服务行业在后疫情时代、数字经济时代、人工智能时代等的发展趋势。语言服务活动通过持续不断的校企交流来保障教师知识更新和技能提高，对提高服务水平，开展职中、职后教育，促进语言服务人才培养和队伍建设、改进语言服务具有重要的实践指导意义。

3.4　培养院校成为重要的语言服务人才培养平台

各个培养院校所在区域不同、经济社会发展条件不同，社会对语言服务人才的需求不同。如何形成具有地方特色的人才培养模式，培养多元化、个性化的应急语言服务人才，关键在于对《行动计划》的理解把握。深刻理解《行动计划》，有利于形成具有本土特色的人才培养模式。落实好《行动计划》，也有利于"加强教师队伍建设，改善办学条件，提高教学管理水平，深化教学改革，建立内部质量保证体系，形成自我约束、自我发展的机制，不断提高教学质量和办学效益，更好地为社会发展和经济建设服务"（何其莘、苑爱玲，2013：53）。由中国译协 / 服务团、专委会、语言服务 40 人论坛和培养院校的有机互动构成了"四位一体"的人才宏观培养模式，因其协同社会力量面广点多，社会育人功能强大，亦可称为"社会培养模式"（图 1）。

中国译协 / 服务团、专委会、语言服务 40 人论坛和培养院校共同协作，合力构建了语言服务一体化的宏观培养模式，有利于加大师资培训力度，普及语言服务先进教学理念技巧，改进培养方法，邀请国内外专家，组织大型赛事，促进全国语言服务专业均衡发展，具有重要的人才培养框架指导功能。

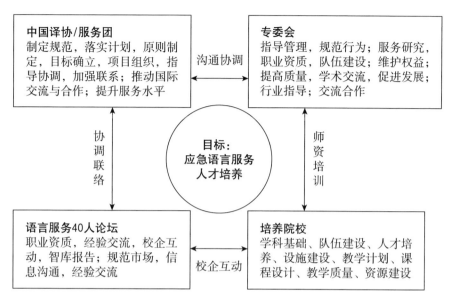

图 1 "四位一体"的宏观培养模式

4 宏观与微观融合的一体化教学模式

语言服务专业"旨在培养具有家国情怀和国际视野,掌握语言、翻译、文化、技术、管理等专业知识,具备翻译能力、跨文化能力、技术能力、创新能力、沟通能力、管理能力和相关业务素质,了解应急语言服务业的发展趋势、业务内容、工作流程、海外市场和国际化战略,能胜任各类中外机构或企事业单位应急语言服务相关岗位工作的专业化人才"(王立非,2021:9)。每个培养院校需要结合自己所在的地域优势,结合所在地区的实际需求,结合师资的专业知识结构、语种分布以及学生的具体情况,对具有优势的语言服务专业领域有所侧重。因此,在日常教学管理、人才培养和准备评估过程中,要牢牢把握《行动计划》的要求,根据区域经济社会需求和文化发展背景,构筑"六位一体"的微观培养模式,因每个培养院校具有自己的特色,也可称为"院校培养模式"。微观培养模式依据《行动计划》,由清晰理念、专业队伍、现代资源、特色内容、优质管理、上乘质量来保障形成独到的校本培养模式(图2)。

图 2　"六位一体"的微观培养模式

4.1　应急服务师资队伍建设

　　应急服务师资队伍建设是人才培养模式的基本保障。出色的语言服务专业教师至少应该具备语言服务实践能力、应急语言服务教学能力，以及从事应急语言服务研究的能力。承担语言服务教学任务的教师首先应具备丰富的语言服务实战经验，必须懂服务、敢服务、会服务，是一个合格的高层次语言服务专业人员，具有丰富的语言服务实践经验，具备组织队伍、协调队伍、培养语言服务专业人才的能力。王立非、李昭建议（2021：28）："由政府和本领域专家学者组成核心团队，负责应急语言服务的规划制定、资源协调等工作，进而建设一支由专家学者、行业精英和高校外语人才组成的志愿者团队。"具体而言，目前需要加快有利于政府相关机构、语言服务行业与翻译行业和高校三支队伍建设：一是专业人员和兼职人员队伍；二是专家学者、政府公务员、社会工作者和高校志愿者队伍；三是口译员、笔译员、项目经理、质量管理人员队伍。为了实现这些目标，迫切需要构建完整和有效的语言服务人才培养体系（王立非、任杰、孙疆卫等，2020：27）。良好的人才培养模式既要培养学生，也要培养与塑造教师。优质的语言服务师资队伍由专任教师团队、兼职教师团队、教学支撑团队以及专家团队四个层次构成（图 3）。

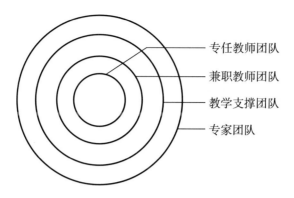

专任教师团队

兼职教师团队

教学支撑团队

专家团队

图 3　语言服务师资队伍结构

（1）专任教师团队。负责语言服务理论与实践课程的实施。专任教师团队以中青年教师为主，最好具有长期海内外语言服务工作经验。专任教师积极参加中国译协 / 服务团、专委会、语言服务 40 人论坛与培养院校组织的各类业务学习、教研、竞赛活动。

（2）兼职教师团队。从外事部门、文旅部门、应急部门、翻译公司、应急语言服务企业聘请的资深翻译或长期从事与应急语言服务工作的相关专家，对学生开展应急语言服务实践指导。

（3）教学支撑团队。邀请救援部门、医疗部门专业人员为学生讲授应急语言服务专门知识、百科知识以及开展体能训练。

（4）专家团队。邀请相关高校、离任大使、退役高级管理人员以及专委会专家开展专题系列讲座或实训活动，增强学生的应急语言服务意识，提升学生的服务水平。

4.2　应急语言服务教育

应急语言服务教育是语言服务的重要抓手。应急语言服务是指"针对重大自然灾害或公共危机事件的预防监测、快速处置和恢复重建提供快速救援语言产品、语言技术或参与语言救援行动，包括中外语言、少数民族语言、方言、残障人手语的急救翻译、救灾语言软件研发、灾情信息传播、抗灾语言资源管理、应急语言标准研制、急救语言培训、语言治疗与康复以及语言咨询与危机干预等"（王立非、任杰、孙疆卫等，

2020：22）。李宇明（2020）总结说："'平时备急，急时不急'，可谓应急语言服务的理想状态。"他（2020）提出应急语言教育包括：第一，社会教育；第二，学生常识教育；第三，应急语言服务团教育；第四，应急救援者培训；第五，专业教育。教育的目的是，增强社会应急语言意识，普及社会应急语言常识，培训救援人员的应急语言技能，培育应急语言服务的人才培养专业。在开展应急语言服务教育时，应充分考虑构建为当地经济社会服务的课程体系。应急语言服务培训是提高志愿者服务水平和服务质量的重要手段。通过培训增强志愿者对应急志愿服务工作环境的熟悉程度，进一步提高志愿者服务水平，确保志愿者提供最优质的服务。

4.3 应急语言服务培训课程建设

应急语言服务培训课程建设是语言服务的基本立足点。语言服务是一个系统过程。李宇明（2021：Ⅶ-Ⅷ）指出："应急语言服务专业，要重视各种公共突发事件的专业救援常识教育。实行'应急语言＋应急救援专业'的复合式教育，这样培养出来的复合型人才，能够更好地适应应急救援的需求。"在设计应急语言服务课程时，既要通盘考虑语言服务专业课程设计的科学性、系统系和完整性，也要思考应急语言服务的"应急"特征，以"短平快"的方式开展应急语言服务培训。在建设语言服务人才培养课程体系时，首先要考虑"语言服务行业需要'精翻译、懂行业、会技术、能管理、善营销'的应用型和复合型人才"（崔启亮、黄萌萌，2022：36）。其次，根据区域特征、应急语言服务需求，开发有针对性的课程，"高校要助力区域经济社会发展，构建地方特色的知识结构体系，开发有利于地方发展的语言服务课程"（胡燕静、张生祥，2022）。最后，"语言服务需要适应国家经济发展新要求，同时还要满足区域经济建设需求，服务区域经济社会发展"（陈文凯，2013：81）。应急语言服务的应急性与应用性特征决定了在设置课程（表2）时要全面思考应急语言服务培训的"应急""应用""应势"特征，包括通用培训和专业培训。（1）通用培训主要使志愿者具备应急语言志愿服务者了解应急语言服务规范、必须的知识技能，较强的服务意识、服务精神和服务能力。（2）专业培训的重点是专业志愿者根据服务岗位的专业要求实施相关专业知识和技能的培训，包括：第一，应急语言服务志愿服务理念培训；第二，应急语言翻译、应急救援、志愿者自助、医疗常识培训；第三，志愿服务心理培训、团队意识培训；第四,百科知识培训；第五,志愿者体能培训。

表 2 "应急语言服务基地"培训课程

类别	课程名称	负责单位	课程时数（每期）
应急语言通识课程	1. 应急语言服务素养	××大学	4 学时
	2. 应急语言服务规范	外事部门、××大学、各行业专家	10 学时
	3. 应急翻译	××大学、行业专家	10 学时
危机管理与防护技能	1. 危机传播与应对	应急救援、行业专家	4 学时
	2. 防护专业知识		4 学时
	3. 急救基本技能		4 学时
	4. 基本防护技能		4 学时
应急技术培训	1. 应急设施使用	××大学、行业专家	4 学时
	2. 应急语言 APP 开发		长期
	3. 盲文识读、手语使用	行业专家	长期
素质拓展培训	1. 自身心理素质建设	××大学、行业专家	2 学时
	2. 身体素质训练		4 学时
	3. 应急沟通		4 学时
	4. 应急心理疏导技巧		2 学时
实践场景模拟	1. 自然灾害应急服务	外事部门、卫生部门、应急部门、文旅部门、××大学、蓝天救援队、行业专家	2 学时
	2. 灾难中的应急服务		2 学时
	3. 突发事件的应急服务		2 学时
	4. 体能训练		2 学时
总学时			64 学时

应急语言服务志愿者需要专业人士进行语言、急救、突发事件处置、心理等专业培训，学习使用语言文字以及肢体动作等手段，对受公共突发事件影响人群、应急行动实施人群以及国际人士开展情绪抚慰和心理疏导。志愿者还要学习防护装备的使用、简易医疗救治手段、病毒消杀、应急避险等技能，通过反复的专业培训、考核、演练，以此承担重大突发事件和公共危机时的应急语言服务任务。应急服务人才库是应急保障制度体系建设的重要组成部分，政府需出台相关配套政策和文件，为人才库的建设和维护提供必要的资金保障、人员保障、物资保障和安全防护保障。

5 应急语言服务人才一体化培养模式的构建

多元化的时代，社会对语言服务人才的需求类型愈加丰富。单一手段和单一模式难以适应翻译人才培养多元化的现实需要。单一的培养模式难以解决语言服务的总体要求，而本研究提出的"宏观＋微观"一体化培养模式可以使教学理念、师资培训、教学资源、教学内容、教学管理以及教学质量达到充分融合，并在此基础上，形成各个培养院校特色的微观培养模式（图4）。

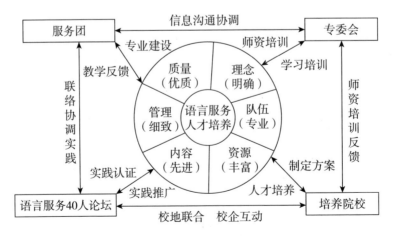

图4 应急语言服务人才一体化培养模式构建

图 4 显示中国译协 / 服务团、专委会、语言服务 40 人论坛和培养院校四大要素的有机互动构成了宏观培养模式。宏观培养模式的四个要素彼此联系，相互协作，相互反馈，共同协调，成为信息沟通、校企互动、专业建设、专项评估、质量提升、项目组织、师资培训、测试竞赛、资格认证的一体化平台。宏观培养模式统领下的微观培养模式既能与社会需求密切关联，也能实现教学资源配置的最优化和效益最大化。六个要素的教学实践构成的微观培养模式，成为宏观培养模式开展工作的有力抓手和实践探索基地。宏观与微观两个模式的紧密联系与互动，构建了应急语言服务人才一体化培养模式，其优势在于以下几个方面。

（1）中国译协 / 服务团、专委会、语言服务 40 人论坛承担着指导全国应急语言服务专业建设与发展、协调各高校交流人才培养经验等工作。近年来，通过学术会议、语言服务产品开发、经验交流传达了政策、交流了信息，提升了语言服务专业教育的质量。宏观培养模式各机构开展的学术会议、研究立项、年会协调、师资培训、专业建设、产品开发、资格认证等活动实现了应急语言服务资源的有效配置，对应急语言服务人才培养与资源建设，具有重要的理论指导意义和实践借鉴价值。

（2）在宏观培养模式的引领下，培养院校形成具有地域特色的微观培养模式。微观培养模式并非在自己的模式内孤立循环，而是随时与宏观培养模式互动反馈。在中国译协 / 服务团、专委会的指导下，储备应急语言服务物资与装备，编制多语版应急语言服务手册，翻译应急语言术语，掌握应急语言服务技能，发布研究报告，开展特殊人群语言服务。在这种互动中，培养院校可以及时发现自己在办学方面存在的问题，及时反馈到宏观培养模式中，可以迅速得到指导建议，及时纠正或解决教学或应急语言服务实践中的问题。

（3）宏观培养模式为提高师资队伍教学水平，确立师资标准提供了基本政策依据和保障。宏观培养模式各机构每年组织的师资培训、教学交流、学术论坛等活动，都为培养院校提供了高效便捷的师资培养途径。教师通过这样的活动，领略了名师风采，学习了他人长处，教学和科研水平都得到了迅速提升。

（4）在微观培养模式的六个要素中，每一次实践活动都成为宏观培养模式的实践标本，并及时通过《语言服务研究》、专委会年会、语言服务 40 人论坛专报、市场研究报告等活动得以展示和传播，培养院校可以从中获取值得借鉴的资讯并改进本校的教学。既让培养院校开阔了办学视野，不再拘囿本地本土，又使培养院校节约了办学行政成本，也在一定程度上消弭了应急语言服务人才培养模式存在的时空藩篱。培养院校可以及时与相关部门沟通，实现学校、卫生、外事、应急、消防、通信部门、IT 产业、特殊教育职业学校人力资源的联动，发挥语言专业优势，打造一支平战结合、反应迅捷、作风过硬、专业精湛的应急语言服务队伍。

6 结语

要实现语言服务的"社会价值、经济价值和文化价值"（申霄，2022：49），就需要综合思考语言服务人才的培养模式。良好的人才培养模式有利于应急语言服务师生共同发展和成长，一体化培养模式不仅有利于学生的培养与发展，也成为应急语言服务师生发展的综合化平台。宏观培养模式与微观培养模式是辩证统一的关系，两者的有机结合有利于形成良好的应急语言服务教育生态。宏观培养模式是培养院校构建微观培养模式的基石，微观培养模式则是宏观培养模式的工作抓手。在宏观培养模式指导下，各校的微观培养模式才能共享培养理念、取长补短、共同发展。同理，微观培养模式又能够为宏观培养模式提供坚实的实践探索依据。应急语言服务的人才培养需要发挥宏观培养模式和微观培养模式的合力，更需要社会各界提供更丰富的"隐形"培养模式，使语言服务专业师生在不同场合、不同领域均可以获得实践、实训、实操的机会。唯有如此，方可培养出优秀的、社会亟须的高级语言服务人才。

【参考文献】

[1] 陈文凯. 语言经济学视域下的语言生活与语言服务 [J]. 河南社会科学, 2013（9）：80-83.

[2] 崔启亮，黄萌萌. 基于行业需求分析的语言服务核心课程设计 [J]. 外语教育研究前沿，2022（4）：34-40+92.

[3] 邓坤宁，王海兰. 面向信息无障碍的精准语言服务 [J]. 中国语言战略，2022（2）：62-72.

[4] 董泽芳. 高校人才培养模式的概念界定与要素解析 [J]. 大学教育科学，2012（3）：30-36.

[5] 何其莘，苑爱玲. 做好 MTI 教育评估工作，促进 MTI 教育健康发展——何其莘教授访谈录 [J]. 中国翻译，2012（6）：52-56.

[6] 胡燕静，张生祥. 建设语言服务人才培养课程体系 [N]. 中国社会科学报，2022-12-08.

[7] 李宇明. 平时备急，急时不急 [J]. 语言规划学研究，2020（2）：卷首语.

[8] 李宇明. 序 应急语言服务的教育问题 [J]. 语言服务研究，2021，1（00）：Ⅶ - Ⅷ.

[9] 刘和平，韩林涛. 新文科背景下融合型语言服务人才培养模式 [J]. 外语教育研究前沿，2022（4）：27-33+91.

[10] 沈国芬. 语言服务催生高校外语专业教革 [N]. 中国社会科学报，2022-12-08.

[11] 申霄. 语言服务：演变、价值及实践路径 [J]. 现代语文，2022（10）：47-52.

[12] 司显柱. 聚焦语言服务研究推动中国语言服务发展——全国语言服务研究学术社团成立大会暨首届学术研讨会综述 [J]. 中国外语，2021（4）：105-107.

[13] 司显柱，徐珺. 守正创新，砥砺前行 [C]. 语言服务研究，2021（1）：Ⅹ - Ⅺ.

[14] 王立非. 语言服务产业论［M］. 北京：外语教学与研究出版社，2020.

[15] 王立非，任杰，孙疆卫等. 应急语言服务的概念、研究现状与机制体制建设［J］. 北京第二外国语学院学报，2020（1）：21-30.

[16] 王立非. 从语言服务大国迈向语言服务强国——再论语言服务、语言服务学科、语言服务人才［J］. 北京第二外国语学院学报，2021（1）：3-11.

[17] 王立非，刘和平. "新文科"国际语言服务学科内涵与培养模式［J］. 中国 ESP 研究，2022（3）：1-9+113.

[18] 王立非，李昭. 中美日国家应急语言服务团建设对比与启示［J］. 语言服务研究，2021，1（00）：17-32.

[19] 徐珺，王清然. 技术驱动的语言服务研究与探索：融合与创新［J］. 外语电化教学，2021（5）：9，61-67+111.

[20] 袁军. 语言服务的概念界定［J］. 中国翻译，2014（1）：18-22.

Research on Integrated Training Model of Emergency Language Service Talents Cultivation

Cao Jin   Zhang Lu

(Lanzhou University of Finance and Commerce, Lanzhou 730101)

Abstract: Emergency language service is an important part of national language service capacity, a basic service to promote language education and translation education to the world, and a vital path to promote language industry development and serve national strategies. This paper aims to put forward an integrated model of emergency language talents training, covering the main areas of emergency language services, the four-in-one macro training model, and the in-depth thinking of the integrated training model of emergency language talents. The integrated talent training model of emergency language service, which is composed of macro and micro talent training modes, not only meets the requirements of the new liberal arts talents training policy, but also meets the needs of local economic and social development for emergency language service.

Key Words: Emergency Language Service; Integrated Training Mode; Macro Training Model; Micro Training Model

作者简介： 曹进，兰州财经大学外语学院特聘教授，西北师范大学博士生导师，研究方向：语言与跨文化传播、应急语言服务、文化翻译。

张璐，兰州财经大学外语学院教授，研究方向：翻译教学、跨文化交际。

新时代地方院校外语专业的困境与语言服务转向

——以海南师范大学为例兼谈国际语言服务实验室建设

陈义华

（海南师范大学）

【摘　要】外语专业的困境不仅仅是地方高校所面临的问题。这其中的原因是多方面的，其中人才培养的目标与市场脱节是主因，这种脱节有专业自身传统培养模式的问题，也有外部大环境的变化。外语专业的语言服务转向是地方高校的一条可行路径，这其中涉及课程重置、机构改革、教师分流以及实验室建设等方方面面的配套。

【关键词】地方院校；困境；语言服务转向

外语专业所面临的困境具有一定的普遍性，它不仅仅是地方高校独有的，只能说在地方高校更加突出。21世纪之初，就有外语教育界的专家提出，在外语作为工具专业的时代结束之后，要确实思考外语专业何去何从的问题。近五年来，有很多地方高校，特别是理工类院校，撤销了外语专业，并入经管或者旅游学院。最近三年，由于多种原因的叠加效应，外语专业招生生源排名出现大幅滑坡。外语专业走入了怎样的困境，这其中的原因在哪里，我们应该如何化解，这些都是外语教育界专家普遍关心的问题。本文从不同角度分析了外语专业特别是地方高校外语专业所面临的困境之后，提出了国际语言服务转向的建议，并建议进行相应的配套改革，包括建构国际语言服务教研一体化实验室的构想。

1 地方高校外语专业发展的困境

近二十年来，国内有关外语专业发展困境以及出路的分析文章不少。这些研究成果多半从社会需求的变化（彭林权，2011：102-104）以及现代技术进步（郑明秋，2005：17-20）等角度来分析外语专业所遭受的冲击。在一些场景中，非专业人士以及机器翻译已经能够替代翻译从业人员，导致外语专业人才需求的急剧萎缩，这是教育界专家普遍注意到的趋势，也有些道理。然而，同样是语言类专业的中文系则没有这样的问题，即便中文系学生学习的对象是我们的母语，并且人工智能也能够进行语言数据的分析和处理。

在笔者看来，外语专业的困境，根本原因在于学校培养的人才规格与市场需求匹配度不高。确实，一方面，在人工智能日益成熟的今天，外语相关工作已经能够被机器或非外语专业人士部分替代；另一方面，在更高层次，相关领域需要系统化语言逻辑思维以及一定文化素养积淀的语言类工作，比如涉外文案写作、国际会展创意、语言服务产业等相关领域，却找不到合适的毕业生。也就是说，如果将语言专业的人才培养仅仅理解为语言技能训练，那么外语专业人才确实已经严重过剩，如果将语言专业培养的目标设定在为适应现代产业发展需要，培养有思想、会思想、能思想的复合型人才，那么外语专业还是大有可为的。

造成外语专业人才培养与市场需求脱节的原因，从专业内部来讲，长期以来形成的培养目标定位与培养模式，以及课程体系、课程内容以及培养各环节不能与时俱进，是主要原因。在原有课程设置中，各个课程体系性与系统性不足，课程内容的高度碎片化导致了学生思维的高度碎片化。这让他们在未来的工作中很难有框架化思考问题的能力。当然，导致外语专业在思维能力培养方面失败的原因是多方面的，其中也包括课程体系中母语的缺席。除非是从小生活在双语或者多语的环境中，否则一般状况之下人们很难用第二外语去进行细致复杂的思考。母语是思维的基础，也是思维的主要媒介。母语的深入学习完全退出课程体系，导致了学生的思维训练失去了依托。学生学习内容的平面化是其中另外一个很重要的原因。在英语专业课程体系中，技能的学习占据了学生绝大部分时间，其中的材料零碎之外，所涉及的知识更多与日常生活的记录相关，多半都是对于生活的感悟，或对于某些事物的看法，或一些简单的科普知识，一般不涉及文学、艺术、美学、哲学等有一定深度的内容。高度平面化知识的学习导致外语专业学生对问题的思考很难深入，很难多层次、多维度地提出问题、分析问题与解决问题。

由于上述原因，教育过程的三大要素（包括学习者、学习内容、教育者）之间的作用力有很大程度降低：学习内容的平面化导致学生过于关注语言本身，很难引起学生求知的兴趣，自然也很难激发学习者的求知欲（饶耀平、王晓青、何磊，2009：134-137）。学习内容的平面化，又很难引导教育者进一步成长，引领教育者知识更新，走向因循守旧，最终削弱教育者的榜样作用。理想的状态是，教育者知识的不断更新让教育者站位更高，让学习者感受到自己与教育者之间巨大的落差，从而让学习者因为产生仰慕心理或者说模仿动机，激发学习者的学习积极性，进而以教育者为目标不断提升自我，达到人才培养的目标。

外在的原因，由于相关专家已经谈得很多，我们这里不再赘述。这里需要补充的是，因为许多有关外语专业困境的讨论文章都发表于疫情之前，大多没有注意到国际大环境的变化对于外语专业的冲击。

对地方高校外语专业造成更大冲击的，则是教育培训行业的变局。原有的课程体系相对能够支撑起教育培训行业对于从业人员的要求，因为培训机构关注的就是孩子的语言技能。近二十年地方高校外语专业毕业生的就业去向调查表明，教育培训行业在毕业生中所占比重呈逐年上升的趋势，由2000年的6.3%上升到2019年的28.3%，呈现几何级数的增加（都阳，2022：96-98）。地方高校外语专业毕业生在教育培训行业就业的比例则更高，在2019年达到惊人的37.2%（都阳，2022：96-

98）。但实行"双减"之后，教育培训行业的人力资源需求几乎归零，这样的冲击使得高校不得不去重新思考外语专业的去向和出路问题。语言服务转向也就成为地方高校外语专业值得探索的一条道路。

2 地方高校外语专业语言服务转向及其改革路径

地方高校外语专业的语言服务转向并不意味着它重新回去走传统工具性专业的老路，那么地方高校外语专业语言服务转向需要做哪些前期准备工作？需要秉持什么样的理念和目标？需要进行什么样的改革？司显柱教授、王立非教授以及王继辉教授等专家作为该领域的开拓者、领导者和引路人，在研究中对上述方面均有所涉及（王立非、栗洁歆，2022：3-10；郭小洁、司显柱，2021：117-123）。上述教授主要将语言服务作为一个学科在谈。在这里，笔者将重点谈谈地方高校专业的转型及其路径问题。

地方高校的语言服务转向，并不意味着我们要放弃外语专业，转向一个新的专业或学科，而是说我们要强化与市场需求的联结，强化外语专业人才培养的指向，所以外语专业的语言服务转向首先是要对市场语言服务需求进行科学调研与深度考察，并建立市场需求定期报告的长效机制。此外，在实现外语专业语言服务转向之前，所做的准备工作还包括语言服务课程模块的论证、开发以及该模块与外语专业原有课程模块之间的衔接。

语言服务转向将扭转地方高校外语专业"千校一面"的尴尬境地，因为首先我们在转向过程中对于培养目标与课程体系的设定，需要考虑以下几个因素：一是这个高校的类型，是医学类、冶金类、农林类、师范类；二是这个高校所处区域的产业，充分考察本区域的产业布局、产业结构、产业形态，致力于服务于本地区的经济发展；三是这个高校所处的区位，地方高校特别是地处边疆地区的地方高校，要考虑区域附近国家，考虑中国与这些邻国之间交流和合作的领域，服务于中国企业"走出去"的战略。这是一个重要的理念，可以有效避免关起门来办大学，关起门来办专业的传统思维。聚焦产出导向，增强服务意识，在差异化的服务中塑造各个地方高校的特色和优势。

地方高校语言服务转向要贯彻新文科的发展理念（王铭玉、张涛，2019）：一是学科交融。在语言服务转向过程中将信息科学、大数据、区域国别学等学科引入，打破外语专业原来自我设限、画地为牢的状况，实现多学科交叉融合、渗透拓展，形成新的专业学科体系，超越纯语言技能的学习，开阔学生视野，创新学生思维，培养复合型人才。二是战略性。这一点前面已经提到。当今国际国内形势错综复杂，地方院校特别是地处边疆的大学，要发挥非通用语种的国际语言服务功能，提高我国在国际社会特别是周边国家的话语表达能力，并服务于中国企业"走出去"的大战略。三是创新性。地方高校通过语言服务转向寻找新的专业学科增长点，通过转型升级，寻求外语专业发展的新突破。四是发展性。当前语言服务作为一个学科尚未成熟，其中存在着许多问题和不确定性，因此需要对不同学科开放来充实语言服务领域的知识体系。五是要实现产教融合，实现人才培养与市场需求的高度匹配。

地方高校外语的语言服务转向，需要的不仅是理念上的改变，更需要相关配套。这些配套不仅涉及前面所提到的国际语言服务模块的论证与开发，也包括教师队伍的分流与培训、机构的改革、与国际语言服务教学以及应用型研究相匹配的基础设施建设。由于基础设施建设在外语专业语言服务转向中的重要性，笔者后面另立一节来讨论这个问题。

课程体系改革重要，但具有一定的复杂性。仅有国际语言服务课程模块的论证与开发是不够的，它还需要我们做体系化的思考：这个新增课程模块需要完成什么样的培养目标，包括哪些课程，各个课程之间的逻辑关联性应该如何建构等。此外，语言服务模块的加入不应该是物理反应，而是化学变化，需要我们对外语专业原有课程模块进行重新审视与内容重构。原有课程模块应该植入语言服务意识，实现基础性向应用型的转变，比如，阅读课程可能就不再只是阅读一些叙事性的文章，可能应用加入大量的应用文体的材料；再如听说课，可能就不只是日常语言的对话，可能就要转向国际会议、贸易谈判、会展介绍等各种不同场景。凡此种种，不一而足。这个过程需要逐步完成，可能需要数年之久才能完成这种跨越。

多数外国语学院虽然师资队伍庞大，但科研实力总体较弱，在当前的学术评价体系中往往处于非常不利的地位。在这种状况之下，地方高校外语专业转向语言服务，将为学院发展带来新的发展潜能，实现差异化的人才培养。在人员分流中，教育管理者需要根据本院的实际情况，制作出人员分流的评估参数与指标，对教师的职业倾向做出合理分析。这个过程需要慎重，因为它涉及教师一生的职业生涯及其个人发展。虽然每个地方性高校外国语学院情况不同，但总体上应该包括教师的自我认知、专业背景与知识结构的考察、学生对教师的评价以及第三方机构对于教师职业发展的测评。通过上述要素的科学评估，我们就能够合理区分一个教师是适合基础型专业教学还是应用型专业教学，是适合基础型研究还是应用型研究。从多数地方性高校外语专业的实际情况来看，除少部分人转向基础专业课程的教学，从事基础性教学研究外，大多数教师还是应该转向国际语言服务的教学与研究。

分流之后就需要进行机构改革，将分流落实到差异化的人才培养实践中。机构改革首先是实现系部重置，以海南师范大学为例，学校将原来的英语系做调整，重新分割为英语教育系和商务英语系等，这一重构为非师范生指明了未来职业发展前景。其次，我们需要学院层面的机构改革，同样以海南师范大学为例，原来的外国语学院被分割为新的外国语学院和国际语言服务学院（人民网，2021-12-30）。通过分割将基础型专业、学术型硕士学位授权点、基础研究平台放在外国语学院；将应用型专业、专业硕士学位授权点、应用型研究平台、社会服务基地放在国际语言服务学院。两个学院既有人员重叠交叉，又保持各自的相对独立性，彼此有着不同的运作机制与培养目标。这种双轨运作的方式，为师生提供了差异化发展的空间。

3　地方高校语言服务转向的基础设施建设与成效

要实现地方高校外语专业的语言服务转向，除上述改革措施外，还需要建立实验室来落实新的培养目标，落地新的培养方案。海南师范大学外国语学院在过去的五年中对此进行了大胆尝试。在改革过程中，海南师范大学外国语学院逐步建立了国际语言服务教研一体化实验室，下设青少年语言发展障碍测评与干预实验中心、跨境电商实训中心、虚拟实景教学实训中心、人机口笔译文本比较分析中心、语言数据分析中心。这些实验室虽然还在逐步建设完善过程中，但已经具备雏形，并且已经部分投入使用。

国际语言服务教研一体化实验室的建设适应了地方院校外语专业的语言服务转向新形势，为学生提供全浸入式教学场景，面向市场需求，跟踪市场变化，培养有思想、会思想、能思想的高素质应用型人才，充分贯彻了新文科的理念（储朝晖，2021：11-23）。该实验室的建设贯彻以下几个原则：一是实验室建设必须引入现代信息技术，运用 VR 技术、全息影像技术等现代信息技术再造虚拟职业场景，让学生长期置身于虚拟的职场环境中，为未来快速适应工作打下基础。二是必须跨越多个学科，实现文理交叉，体现新文科的理念。三是必须建立广泛连接，在内部要与专业建设、学科建设、平台建设相互呼应，推动应用型专业、应用型学科和各类应用研究平台的发展；对外要与语言服务企业建立联结，为语言服务企业的信息化与服务产品的多元化提供技术支持与智力支撑，同时在互动中提高教学水平。四是必须多功能协调融合，将教学功能、科学研究功能、社会服务功能融通创新，形成良性互动，共同进步。五是必须具有开放性，向社会开放，向行业开放，实现产教深度融合。六是参与性。与传统的语音教室不同，学生不再是被动的知识接受者，教师也不再是机械的知识传播者，师生参与其中，在师生互动、生生互动中对实验场景的设计与呈现方式有着自己的体验、感受和期待。师生把自己的经验秩序化，用合理的框架呈现出来，本身就是一种对相关语言服务企业有着巨大价值的资源。这种基于师生使用经验的精准反馈能够帮助这些企业优化、改善设备，更好地服务教学。这也是成果转化的有效方式。

国际语言服务教研一体化实验室充分考虑了外语专业的语言服务转向的基础设施需求：青少年语言发展障碍测评与干预实验中心主要就青

少年语言发展（包括二语）障碍进行诊断，分析南方方言、少数民族语言以及心理等方面对语言发展的干扰，并提出干预方案，该中心主要服务于中学语言教育；跨境电商实训实验中心主要为商务英语方向的学生提供实践的空间，同时可以随时接通相关交易平台，进行实时线上交易，为未来踏足该行业的学生累积丰富经验；虚拟实景国际语言服务实验中心则通过 VR 技术，为学生提供全浸入式教学场景，现有的情境包包括虚拟实景课堂教学、外贸谈判、职场礼仪、外贸跟单、报关等。人机口笔译文本比较分析中心通过计算机翻译软件和平台，研究机器口笔译文本偏离自然语言的现象，并以特定语言单元进行切割分析，建立相关数据库，让学生理解偏离规律，为学生未来从事机译文本的深度编辑以及翻译工作打好基础。语言数据分析中心主要通过爬虫技术收集目标国家媒体的语言数据并建立数据库，通过语言数据来分析目标国不同类型的媒体对于中国特定议题的意见和看法，为政府提供相关资讯。

海南师范大学外语专业与学科建设在向语言服务转向的过程中实现了跨越式发展，一是科研成果产出更加丰硕，特别是应用型成果，包括对于青少年语言发展障碍研究，包括有关心理，方言、少数民族语言对青少年语言发展干扰方面的研究论文、专著、项目最近几年出现爆发式增长，其中不少成果被当地教育部门采纳，或者发表在 SCI 期刊上；翻译实验室在人机口笔译文本比较分析的基础上建立了一定容量的数据库，并在一些 IT 公司的帮助下对数据库进一步完善，未来这些数据库的建设成果有望在人工智能翻译、人机对话领域得到广泛应用；语言数据分析中心采用爬虫技术广泛获取相关国家各类媒体信息，包括自媒体的信息，分析相关国家的社会舆论，由相关研究人员写成咨政报告，得到各级政府的采纳。仅 2022 年一年，该院就有十多份咨政报告得到省级主要领导的批示，有四份报告得到中央主要领导人员的批示。另外，相关研究人员也发表了有关 VR 虚拟实景教学场景应用与改善的教改论文或获批相关教改项目，未来这些成果将会为这些企业优化或者开发新的情境包提供资源。

二是海南师范大学外语专业实现语言服务转向之后，学生的就业领域得到极大拓展。一般而言，地方高校的外语专业毕业生大体上是两种主要的出路：一种是考公考编，去各级政府做公务员，或者去公立中小学去任教；另一种是取得教师资格证去私立学校或者培训机构当老师。在上述几种出路中，到各类培训机构做老师的比重最大。毕业生的出路非常狭窄，特别是在"双减"的大背景下，学生在教育行业的就业越来越困难。语言服务转向为学生开拓了新的就业领域。自 2017 年学院培养方式改革之后，学生的就业路子面向增强，近年来在语言服务企业和翻译公司、大型科技企业的翻译部门、政府外宣部门、企业外贸部门、教育设备生产商等行业就业的毕业生逐步增多，呈现日益多元化的就业趋向。

三是社会服务功能明显增强。海南师范大学外国语学院承担了海南省全民外语提升方案的制定与实施，海南省公共场所外语翻译的标准化建设。这些职能在一定程度上是传统外语专业也能胜任的领域。随着国际语言服务一体化实验室的建设，学院拓展了社会服务的领域，其中青少年语言发展障碍测评与干预实验中心向社会提供相关咨询并提供干预方案，实验室开放以来，接受了校内外咨询三十余人次，提供干预方案十余人次，强化了社会服务功能，提高了学院的能见度。此外，2020 年夏天新冠肺炎疫情在全海南暴发，VR 虚拟实景教学实训中心利用先进的虚拟实景技术，引进应急语言服务情境包和实训教材，为抗疫前线提供了三批次共计三十七人次的应急语言服务培训，其中既包括外语的不同语种，也包括海南方言和少数民族语言，为战胜这一波疫情提供了保障，效果良好。

四是提升了学院的综合实力。在学院开启语言服务转向之后，学院排名（以软科排名为例）快速跃升。在五年前，海南师范大学外国语学院各个专业都没有进入软科排名，2018 年英语专业进入软科排名，位列237 名。最近三年，各专业排名飞速进步，外国语学院各专业全线进入排名，其中英语专业位于 176 名，日语专业进入 178 名，翻译专业上升至 90 名，明显高于学校整体的综合排名。学院综合实力显著提升。

【参考文献】

[1] 崔璨，王立非. 面向"一带一路"语言服务，推动外语专业教育改革［J］. 语言教育，2018（1）：2-6.

[2] 王立非，栗洁歆. 主动服务高质量发展，加快建设中国特色"新文科语言学"［J］. 北京第二外国语学院学报，2022（1）：3-10.

[3] 王立非. 从语言服务大国迈向语言服务强国——再论语言服务、语言服务学科、语言服务人才［J］. 北京第二外国语学院学报，2021（1）：3-11.

[4] 郭小洁，司显柱. 高质量发展视角下中国语言服务业发展路径探索［J］. 中国翻译，2021（3）：117-123.

[5] 郑明秋. 本科外语专业教育面临的问题与出路［J］. 中国俄语教学，2005（1）：17-20.

[6] 彭林权. 试论外语专业毕业生就业竞争力的提升［J］. 黑龙江高教研究，2011（3）：102-104.

[7] 饶耀平，王晓青，何磊. 动机研究与语言教学：语言学习动机理论框架的构建［J］. 思想战线，2009，35（1）：134-137.

[8] 都阳. 大学生就业的趋势性变化及对策建议［J］. 人民论坛，2022（17）：96-98.

[9] 储朝晖. 警惕"新文科"沦为形式化学术［N］. 科学报，2021-11-23（5）.

[10] 王铭玉，张涛. 高校"新文科"建设：概念与行动［N］. 中国社会科学报，2019-07-29（6）.

[11] 海南师范大学国际语言服务学院揭牌［EB/OL］.（2021-12-30）. http:// hi.people.com.cn/n2/2021/1230/c231190-35076153.html.

The Predicament of Foreign Language Majors in Local Colleges and Universities in the New Era and the Turn Toward Language Services
—A Case Study of Hainan Normal University and the Construction of the International Language Services Laboratory

Chen Yihua

(Hainan Normal University, Haikou 570100)

Abstract: The predicament of foreign language majors is not just a problem faced by local universities. There are many reasons, among which the main reason is that the goal of education is disconnected from the market demand. The disconnection is partly because of the traditional mode of major-planning, partly because of the external environment. The transformation of language services for foreign language majors is a feasible path for local universities, which involves curriculum reset, institutional reform, teacher redistribution and laboratory construction.

Key Words: Local Colleges and Universities; Difficult Situation; Language Service Turn

作者简介： 陈义华，男，湖北宜昌人，海南省领军人才，海南师范大学外国语学院（国际语言服务学院）与文学院双聘教授，比较文学博士生导师，研究方向：英美文学与比较文学、语言服务研究。

基金项目： 该论文是国家级新文科项目"新文科背景下地方师范院校外语专业培养模式改革研究"（项目编号：2021110080）的阶段性成果。

英语专业人才培养现状调查与反思

——以华中科技大学为例

黄 勤 谢 娟

（华中科技大学）

【摘 要】本文通过对华中科技大学英语专业在校生的问卷调查，较为全面地了解了在校生对本专业人才培养情况的反馈。总体而言，学生对本专业的人才培养的多个环节有较高的满意度，大部分学生认为目前的培养模式基本合理，但有进一步提升的空间。本文分析了目前存在的不足的原因，并提出了一些改进的措施，希望通过完善培养方案、优化课程结构、改革教学方法、探索智能教学的现代教育技术手段以及注重教师发展等措施来改善本专业人才培养现状，以期达到国家级一流专业建设的要求，为新时代输送合格的英语专业复合型人才。

【关键词】英语专业；人才培养；问卷调查；新时代；复合型人才

1 引言

人才培养是当代高等教育的首要职责和基本功能。2022 年《政府工作报告》中指出要推进高等教育内涵式发展，优化高等教育的布局，分类建设一流大学和一流学科。国家对高校人才的培养提出了切实可行的要求，特别是对于外语类课程的建设，更是提出了严要求与高标准。从目前市场发展状况而言，国际间的经济与贸易活动日益频繁，中外合资、外商独资等一些外向型经济的企业的数量在不断增加。2021 年我国有进出口实绩的企业达 56.7 万家，而国内取得外销员资格证书的人数却不足 10 万，其中最主要原因就是商务英语人才过少。

然而，随着全球化的进一步发展，英语作为一种语言交流的工具，在我国，越来越多的人已经能够自如地应用于日常交际中。非英语专业学生的英语水平也在不断提高，使得英语专业的毕业生面临较为严峻的就业形势与压力。因此，有必要了解英语专业的人才培养现状，发现问题，及时整改，以增强英语专业学生的就业竞争力，培养新时代需要的英语专业复合型人才。

2 华中科技大学英语专业人才培养现状调查

自 2008 年以来，华中科技大学的英语专业开设有英语和英语＋国际商务两个专业方向。英语专业方向以培养具有较强英语语言能力、丰富百科知识和英语语言、文学与文化等基础知识、具备一定相关研究能力的应用复合型人才为目标。英语＋国际商务专业方向以培养具有较强英语语言能力、了解英语语言、文学与文化等相关基础理论、掌握经济和管理相关基础理论和国际商务规则，有较强的国际商务运作能力，并具备一定相关研究能力的应用复合型专业人才为目标。

为了了解目前这两个专业方向的学生对于本专业人才培养现状的满意程度，本课题组在 2022 年的 2—3 月进行了调研，以下进行调研过程和结果的汇报与分析。

2.1 调查方法、对象与内容

对于此次本专业人才培养现状的调查，我们主要采取问卷调查的方式进行。调查对象为英语专业两个方向，即英语专业方向和英语＋国际商务专业方向 2018—2021 级四个年级的在读学生。问卷设计了 30 道选择题，其中单选题 20 道、多选题 10 道，另外有 5 道开放性问答题。主要内容涵盖学生们的专业选择动机、对培养计划各环节的满意度以及未来就业意向等方面的情况。

2.2 调查问卷分析

2.2.1 调查对象基本情况

参与本次问卷调查的学生共有 163 人，其中英语专业方向的学生为 94 人，英语＋国际商务专业方向的学生为 69 人。收回有效问卷为 163 份。就性别而言，英语专业方向学生的男女比例为 2.5∶7.5，英语＋商务英语专业方向学生的男女比例为 3∶7。整体而言，英语专业的男生偏少，女生居多。

2.2.2 选择英语专业学习的动机

就选择英语专业学习的动机而言，两个专业方向的学生的反馈存在显著差异。英语专业方向有 43.62% 的学生认为选择英语专业是出于兴趣爱好，9.57% 的学生则认为选择就读英语专业方向是为了就业，只有 2.13% 的学生认为是为了出国留学，选择其他原因的学生占 44.68%；英语＋国际商务专业方向有 53.62% 的学生认为选择这一专业方向是出于就业需要，7.25% 的学生认为是出国留学的需要，15.94% 的学生则认为是出于兴趣爱好，选择其他原因的占 23.19%。

由上面的统计可以看出，两个专业方向学生的英语专业的学习动机存在较大差异，选择英语专业方向的学生主要是出于对英语的兴趣爱好，而选择英语＋国际商务专业方向的学生则主要是出于就业的考虑，这也体现出复合型人才培养模式在目前英语专业人才培养上的优势。

2.2.3 毕业规划

就毕业规划方面，十分突出的一点是，两个专业方向的大部分学生均计划考研，比例均高达 70% 以上，其中英语专业方向学生选择考研的比例为 70.21%；英语＋国际商务专业方向学生的选择比例为 72.46%。与此同时，在未来就业方面，英语专业方向有 50% 的学生表示会选择与英语专业相关的领域就业，而大部分英语＋国际商务专业方向的学生则表示还处于待确定状态，只有 24.64% 的学生选择与英语专业相关的领域就业。就继续学习或深造的专业而言，英语专业方向的学生有 72.73% 选择与英语相关专业深造，而英语＋国际商务专业方向也有 49.28% 的学生选择与英语专业相关的专业深造。由此可以看出，继续深造对于英语专业的学生具有较大吸引力。

2.2.4 培养方案与课程设置情况

（1）对人才培养方案和国标的了解程度

调查显示，英语专业方向只有 44.68% 的学生对所读专业的人才培养方案和《高等学校英语专业本科教学质量国家标准》及其中所规定的高等学校英语专业培养目标基本了解，而有高达 39.36% 的学生根本不了解，英语＋国际商务专业方向的学生对这几方面了解的比例要高一些，达到 59.42%，只有 18.84% 的学生不了解。但"非常了解"和"了解"的学生比例在两个专业方向都比较低。

（2）课程满意度

目前华中科技大学英语专业的两个专业方向分别设置了通识课程、学科基础课程、专业课程（含专业核心课程和专业选修课程）和集中性实践性教学环节四个课程模块。

在课程学分设置方面，调查显示，两个专业方向的学生大部分认为各类通识课程、学科基础课程、专业核心课程和专业选修课程以及集中性实践教学环节课程学分的设置是合理的，但也有少数同学提出了异议，其中认为不合理的主要原因是"专业选修课中根据方向来选择的课程太少""集中性实践教学环节中具有实际操作性的课程学分太少"等。由此可见，学生们重视方向选择的多样化和课程的实践性。

在课程设置比例方面，调查显示，大部分学生认为"必修课"和"选修课"的设置比例比较合适。

就课程满意度而言，英语＋国际商务专业方向学生对经济学和线性代数之类的理科课程比较喜欢，但部分学生认为线性代数课程难度大、学习课时短。两个专业方向均有不少学生反映英语听力课程的难度较大、课时量过多。

对于目前的课程设置，学生们也提出了一些调整意见，如英语专业方向的学生对增加"口语"课程学分的呼声很高。英语＋国际商务英语专业方向的学生大多也认为需要增加"口语"类课程的学分，同时要增加"管理类"课程的门类与学分。此外，两个专业方向的学生都建议减少阅读课程的学分，认为可以通过加大课外阅读量来对阅读课进行补充。

（3）课堂教学满意度

对于目前的教学模式，虽然两个专业方向的学生均认为"理论性强，实践性稍弱"，但对教师的课堂教学模式与方法大多是满意的，也有少部分学生反映存在"课堂教学方法单调""课堂教学效果不佳"等问题。大部分学生认为授课老师专业性强，平易近人，课堂互动效果好，同时他们上课会"积极思考但很少主动发言"。总体而言，大部分学生认为目前的教学模式基本合理，但有进一步提升的空间。建议注重课程的专业性和实践性，多采取情境教学法，就教学语言而言，大多数学生还是倾向于"双语教学"或部分课程使用"全英语教学"。

3　英语专业人才培养现状分析

基于以上调查，总体而言，英语专业女生比例大，考研意向强烈。大部分学生对未来就业或升学有明确规划，但也有少部分学生对自己的前途较为迷茫。由此也对课程设置和调整提出了要求，学生重视课程的实用性和实践性，希望所学课程能对未来就业有显著帮助。尤其是英语＋国际商务专业方向的学生，对增加"管理类""经济类"课程的意愿较强。同时对老师的教学语言和教学模式提出了建议，学生更加期待全英教学或部分课程采用全英教学。此外，学生对于专业人才培养方案的了解度也有待加强。

通过学生对开放性问题的回答，我们发现，就课程设置而言，有少部分学生反映英语专业的课程设置在基础技能上的训练较多，如整个一年级都集中在对英语的听、说、读、写等基本技能的训练上，但现在的学生尤其是来自各省外国语学校的学生在中学阶段已经受到了较为专业与系统的语言技能的训练，因此对此部分的需求不大。此外，英语＋国际商务专业方向的学生认为国际商务方向的专业课程开设较晚。实际上，为便于学生参加相关的商务英语等级证书的考试，商务英语课程一般设在二年级的下学期，但由于课时限制，学生对商务英语的理论和技巧的掌握仅为皮毛。

就课堂教学模式而言，有部分学生认为有一部分课程的教师对现代教学模式的探索和实践不够，课堂教学依旧以传统的授课方法为主，未能很好地利用学校提供的智慧教室设备，在有些课程如语言学、英国历史、美国历史等课程的教学中，教师与学生的课堂互动性还不够，导致学生对课堂学习兴趣不大，教学效果差强人意。此外，对于技能类课程的教学，如翻译类课程，不仅要求教师具有扎实的双语基本功，还要了解语言学、教学法、翻译理论等相关学科的知识，并且具有较强的口笔译实践能力。有一部分学生认为担任这类课程的个别教师的教学和科研能力有待提高，否则很难满足学生对于此类课程的教学期待。

4 英语专业人才培养模式改进举措基本设想

基于本次调研，本课题组较为全面地了解了英语专业在校生对目前两个专业方向人才培养的满意度以及存在的问题，为了加快国家级一流专业的建设，为新时代培养合格的英语专业复合型人才，我们拟在以下几个方面进行教学改革。

4.1 完善培养方案

《普通高等学校本科外国语言文学类专业教学指南》确定的英语专业

培养目标为：英语专业旨在培养具有良好的综合素质、扎实的英语语言基本功、较强的跨文化能力、厚实的英语专业知识和必要的相关专业知识，能适应国家与地方经济建设和社会发展需要，熟练使用英语从事涉外行业、英语教育教学、学术研究等相关工作的英语专业人才和复合型英语人才（教育部高等学校外国语言文学类专业教学指导委员会、英语专业教学指导分委员会，2020）。我们将以指南为指针，进一步优化培养方案，使其既能体现校本特色，又能符合新文科建设的要求，通过学科交叉，培养复合型的英语专业人才。既要沿用学科本位的课程体系和课程形式又要面向社会，满足社会需求；在教学中，既将传授理论知识作为课程的核心，又要重视学生的多种能力的培养。

4.2 优化课程结构

合理的课程结构是专业发展的基础。优化课程结构是专业建设必要的、重要的条件。2000 年，高校外语专业教学指导委员会英语组在国家教指委的领导下进行了大规模的调查研究，出台了《高等学校英语专业英语教学大纲》，第一次以文件形式确定了英语专业的复合型人才培养目标，提出英语专业学生要在打好扎实的英语语言基本功和牢固掌握英语专业知识的前提下，拓宽人文学科知识和科技知识，掌握与毕业后所从事的工作相关的专业基础知识。在课程设置上，强调理论的系统性与完整性，不能忽视学生未来岗位的需要以及对学生应用能力和创新能力的培养。孙友中（2011）认为外语类专业人才培养规格中的"能力要求"涵盖"外语运用能力、文学赏析能力、跨文化能力、思辨能力，以及一定的研究能力、创新能力、信息技术应用能力、自主学习能力和实践能力"9 项能力。认为前 3 项能力为外语类专业人才的特质和区别性特征，是其服务国家和社会的立身之本，是各外语专业要着重培养的能力；中间 3 项能力，即思辨能力、研究能力和创新能力，长期制约着外语类专业人才质量的提高，是我们在改革中亟待解决的难题，最后 3 项能力是所有专业的大学生必须通过系统性的实践教学加以提升的必备能力。因此，我们将以英语专业学生的以上九种能力的培养为主要目标，对现有课程设置进行合理调整，进一步进行课程的优化，尤其是要注重专业选修课程设置在方向选修课程上的多样化，以满足不同学生对于文学、文化、语言学、历史、国别等不同方向的学习与研究兴趣，同时加大实践课程的实践量。与此同时，应着重加强课程思政和课程德育两个方面的课程改革，把立德树人贯穿于英语专业人才培养的全过程。英语专业的课程教学内容大量涉及中外的社会制度、价值观、宗教信仰、生活方式等多个层面，如何通过课程的教学有效地塑造学生的政治思想、道德品质和爱国情怀，具有重要的现实意义。在专业课程的设置中还需要考虑适当增加人文教育的课程，让人文教育贯穿于英语专业人才培养的全过程。

4.3　改革教学方法

学习语言不能缺乏真实的语言环境，如果英语专业的课程的课堂上没有英语气氛，就会使具有情感易变特性的学生感到枯燥和乏味，提不起学习的兴趣，达不到好的教学效果。我们应尽可能地运用现代科技，精心地设计好每一堂课，把抽象的语言、单调的词汇、句子和语篇具体化、生动化与形象化，以吸引学生在课堂上的注意力，激发他们对英语的情趣，迅速培养他们的学习兴趣，提高其英语学习的动力。在教学方法上，我们将尽可能地更新传统的以教师为中心的观念，建立以学生发展为主，培养学生自主学习能力的课堂教学改革新观念。重视学生在课堂学习中的主体地位，改变旧的教学方式，采用任务型教学、情境教学等多种教学方法，活跃课堂气氛，增强师生之间的互动，以达到好的课堂教学效果。

4.4　探索智能教学的现代教育技术手段

进入 21 世纪，信息技术的迅猛发展英语专业的教学的创新发展提供了新的机遇，也提出新的挑战，教育部（2018）发布的《教育信息化 2.0 行动计划》倡导："大力推进智能教育，开展以学习者为中心的智能化教学支持环境建设，推动人工智能在教学、管理等方面的全流程应用，利用智能技术加快推动人才培养模式、教学方法改革，探索泛在、灵活、智能的教育教学新环境建设与应用模式。"我们要充分认识智能化英语教学的重要性，提高教师自身的智能化教育素养，探索现代信息技术特别是智能技术对英语教学提供的各种便捷性与可能性，尝试利用虚拟技术创造逼真的现场情境来提高英语演讲和口译课程的教学效果；利用计算机辅助翻译来提高学生的翻译实践能力。在阅读课程和翻译课程中尝试利用眼动仪和脑动仪等来检测学生的阅读和翻译速度与能力，利用最新的网络通信技术搭建跨越国界的同步教学课堂，共享优质的课程资源；采用线上线下相结合的混合式教学模式以对付疫情等一些不可抗拒的自然因素对完全线下课堂教学所带来的干扰。总之，要以"主动应变、积极求变"的姿态积极应对现代信息技术对英语专业教学带来的新机遇与新挑战。

4.5　注重教师发展

习近平总书记 2014 年在北京师范大学的师生座谈会上讲到，一名好老师要有"理想信念、道德情操、扎实学识、仁爱之心"。我们将要求本专业教师以"四有好教师"的标准来严格要求自己，首先要忠诚于党的教育事业，把立德树人作为教育的根本任务。在教育教学中切实贯彻党的教育方针，把社会主义核心价值观贯穿于教育的全过程。其次，英语专业教师要突破过去单一的语言知识传授者的角色，不断提升教研和科研能力，构建教师和研究者的双重身份；要培养本专业教师的跨学科意识，鼓励教师学习其他学科的专业知识以及相关的实践性知识；要进一步开阔教师的国际化视野，鼓励教师出国进修与访学、参加多种国际学术研讨会等，同时通过严格考核，吸纳外籍教师加入教师队伍等。

5　结语

通过本次调查，本课题组基本了解了本专业在校生对于本专业建设情况的反馈，对于目前的培养过程中存在的不足，我们将采取措施，尽量改进。具体而言，将对接新时代背景下的国家经济与社会发展对英语专业人才的需求，进一步准确定位人才培养目标，完善人才培养方案，优化课程设置，夯实专业课程，突出各种能力的培养，改革课堂教学方法，使用智能化教学手段，注重教师发展，健全教学质量保障体系，切实提高人才培养的目标达成度和社会满意度，为建设中国特色的国家一流英语专业不懈努力。

诚然，在后续的研究中，我们将采取更多样化的方式进一步调查现有毕业生、用人单位等多方对于我校英语专业两个专业方向人才培养的反馈，综合各方面因素，不断完善英语专业的人才培养体系。

【参考文献】

[1] 高等学校外语专业教学指导委员会英语组. 高等学校英语专业英语教学大纲［Z］. 北京：外语教学与研究出版社，2000.

[2] 教育部高等学校教学指导委员会. 普通高等学校本科专业类教学质量国家标准［S］. 北京：高等教育出版社，2018.

[3] 教育部. 教育信息化 2.0 行动计划［OL］. https：//baike. baidu. com/item/教育信息化 2.0 行动计划 /22501991，2018b.

[4] 教育部高等学校外国语言文学类专业教学指导委员会，英语专业教学指导分委员会. 普通高等学校本科外国语言文学类专业教学指南（上）——英语类专业教学指南［Z］. 上海：上海外语教育出版社，2020.

[5] 彭青龙. 论《英语类专业本科教学质量国家标准》的特点及其与学校标准的关系［J］. 外语教学与研究，2016（1）：109-117.

[6] 孙有中. 突出思辨能力培养，将英语专业教学改革引向深入［J］. 中国外语，2011（3）：49-58.

[7] 孙有中. 贯彻落实《国标》和《指南》，推进一流专业和一流课程建设［J］. 外语界，2020（3）：2-4.

[8] 习近平在北京师范大学师生座谈会上的讲话 [EB/OL]. （2014-05-05）[2022-

03-10].http://www.gov.cn/xinwen/2014-05/05/content_2671258.htm.

[9] 张文忠，冯光武. 关于英语专业设置创新能力培养课程模块之思考 [J].
外语与外语教学，2015（3）：29-34.

On Talent Cultivation of English Majors: Investigation and Reflection
—Take Huazhong University of Science and Technology as an Example

Huang Qin   Xie Juan

(Huazhong University of Science and Technology, Wuhan 430074)

Abstract: Based on the questionnaire by English majored students of Huazhong University of Science and Technology（HUST）, this paper attempts to collect the feedback of students on the talent training program and acquire the detailed knowledge of the situation. It is found that students have a high level of satisfaction with many aspects of talent training in this major. Most students think the current training mode is reasonable, but there is still room for improvement. By analyzing the reasons for the deficiencies, some measures are proposed for the English major construction of HUST to meet the requirements of the national first-class undergraduate major and cultivate qualified English professional compound talents in the new era by improving the training program, optimizing the curriculum structure, reforming teaching methods, exploring modern educational technology means, and focusing on teacher development.

Key Words: English Major; Talent Cultivation; Questionnaire; New Era; Compound Talents

作者简介：黄勤（1966—），女，汉族，湖北天门人，博士，华中科技大学外国语学院教授，博士生导师，主要研究方向：外语教育、翻译理论与实践。

谢娟（1981—），女，汉族，湖北武汉人，博士，华中科技大学外国语学院副教授，主要研究方向：外语教育与跨文化交际。

基金项目：本文系 2020 年湖北高校省级教学研究项目"新文科建设背景下理工科高校英语专业人才培养模式研究：理念与实践"（项目编号：2020063）的部分研究成果。

国家语言能力建设视域下的涉外法治
人才培养研究

郭　洁　董宇冉

（南京师范大学）

【摘　要】改革开放以来，我国在涉外法治人才培养上取得了一定成绩，但也面临多重问题，如顶层设计缺失、人才培养总体数量不足、教育体系不完善等。文章以习近平法治思想为指导，采用问题驱动型路径，在国家语言能力理论框架的基础上提出了涵盖国家、高校、行业"三主体"，涉外法治语言治理、掌控、规范、教育与智能"五能力"的国家涉外法治语言能力理论框架，并提出了涉外法治人才培养的建议，以期促进涉外法治人才培养和国家语言能力建设的发展与良性互促，为高校深入贯彻落实习近平法治思想提供参考。

【关键词】国家语言能力；涉外法治；人才培养；语言规划

1　引言

习近平总书记强调，"要加强涉外法治专业人才培养，积极发展涉外法律服务"（新华社，2019）。涉外法律服务离不开法律外语，法律外语服务离不开涉外法治人才的培养。提升国家语言能力是语言规划的目标，其实质是一种人力资源规划（沈骑、赵丹，2020：48）。由此可见，国家语言能力的提升和涉外法治人才的培养是相辅相成的。本文在国家语言能力理论框架的基础上，构建了国家涉外法治语言能力理论框架，指出了我国涉外法治人才培养中存在的主要问题，并提出了相应建议，旨在推动涉外法治人才培养与国家语言能力建设的共同发展。

2 国家语言能力建构

2.1 国家涉外法治语言能力建设的理论体系

20 世纪末，美国学者 Brecht 和 Walton（1994：191）提出"国家语言能力"概念，将其定义为"国家应对特定语言需求的能力"。在借鉴国内外学者观点的基础上，文秋芳、张天伟（2018：22-23）将其定义为："政府处理在海内外发生的涉及国家战略利益事务所需的语言能力，包含管理、掌控、创造、开发和拓展 5 个分项能力。"为了将国家语言资源能力和话语能力整合在同一体系内，文秋芳（2019：57）将国家语言能力重新划分为治理、核心和战略能力。

国家涉外法治语言能力是政府运用语言处理一切与国家涉外法治相关事务的能力，具有内在性和服务性的特点。首先，国家涉外法治语言能力中的"涉外法治语言能力"是在理想化条件下国家内在具备的涉外法治语言能力，包括涉外法治语言知识以及相应的语言理解和输出能力，区别于在涉外法治事务上已经获得的话语权。其次，"服务性"是指满足需求，即服务国家所需的语言能力（苏金智、张强、杨亦鸣，2019：453）。具体而言，国家涉外法治语言能力可细分为五个分项能力，其对应的评价指标及说明如表 1 所示。

表 1　国家涉外法治分项能力、评价指标及说明

分项能力	评价指标	说明
治理能力	组织力	政府能够建立从中央到地方上下贯通的涉外法治语言治理机构组织
	协调力	政府建立的涉外法治语言治理组织内部有良好的横向、纵向分工与协作
	执行力	政府建立的涉外法治语言治理组织体系能够充分发挥应有功能，落实计划且取得成效
掌控能力	覆盖力	政府、行业及学术层面能够基于社会需求，储备覆盖各语种及领域的涉外法治人才
	通晓力	政府、行业及学术层面能够建立涉外法治人才库，全面掌握涉外法治人才资源
	支配力	政府、行业及学术层面可以根据社会需求准确调配涉外法治人才资源
规范能力	理论力	政府、行业及学术层面能够建立系统的涉外法治语言规范理论
	标准力	政府、行业及学术层面能够确立具体的、可操作性强的涉外法治语言规范标准
	翻译力	政府、行业及学术层面加强法律翻译项目的管理，促进交流与互动
教育能力	学科力	政府、行业及学术层面能够在宏观层面跟进法律英语学科体系建设
	科学力	政府、行业及学术层面能够确保涉外法治人才的教育体系符合内在规律性及社会需求
	教学力	政府、行业及学术层面能够建设综合素质优良的教师队伍，并且加强教材管理、编写和更新
智能能力	智库力	政府、行业及学术层面能够建设智库以服务涉外法治语言能力建设和人才培养
	语库力	政府、行业及学术层面能够建设专业、智能的法律法规检索语料库
	平台力	政府、行业及学术层面能够搭建学习平台，提供丰富的学习资源

2.2　国家语言能力与国家涉外法治语言能力建设

国家语言能力与涉外法治语言能力的关系以包含性、渗透性和协同

性为特征。首先，从涵盖的领域范围来看，国家涉外法治语言能力隶属于国家语言能力，是不可或缺的一个部分。国家语言能力属于语言社会学的分支，包含国家外交、军事、商务、新闻、文化、法治语言能力等。国家法治语言能力按照对内和对外标准可细分为国内法治语言和涉外法治语言。其次，随着中国"走出去"战略的实施，涉外法治语言能力也渗透到了外交、商务、文化、军事等领域，是其他领域语言能力建设的重要支点，有利于实现不同领域语言建设的优势互补，也是推动国家语言能力建设的关键一环，有利于国家语言能力建设朝着科学化、均衡化、多元化的方向发展。最后，国家语言能力建设要求多元主体合作、多元领域协调提供语言服务，解决公共问题，提升国家能力。那么，这种合作与协调必然涉及不同主体价值观念和不同领域话语力量的合作与协调。进一步看，涉外法治语言能力建设与国家语言能力建设相互依存、困难共担、成果共享。前者为后者提供支撑，后者为前者提供配套，两者将提升国家综合国力作为共同目标。

2.3 国家涉外法治语言能力建设与涉外法治人才培养

国家语言能力建设下的分项能力是国家软实力的重要组成，也是助推经济发展、维护国家利益的硬实力。硬实力、软实力，都离不开人才实力。一方面，国家涉外法治语言能力建设为涉外法治人才培养提供支撑。国家涉外法治语言治理能力将语言资源转化为国家资源，为人才培养提供制度保障和政策供给；掌控能力实现人才与资源的前瞻性综合协调；规范能力增强师生的语言规范意识；教育能力确保涉外法治人才培养机制的科学性；智能能力促进涉外法治人才培养的智能化。另一方面，涉外法治人才的培养也会反过来推动国家涉外法治语言能力的建设。国家语言能力建设从理论的提出到引入中国语境，并在中国语境下不断探索、发展和本土化，这不是一蹴而就的，而是动态管理和协调发展的过程。在这一过程中，卓越涉外法治人才可以为国家涉外语言能力建设提供学术支撑，促进国家涉外法治语言能力的建设。

2.4　研究框架

　　语言建设，国之大计。董晓波（2020：5）首次提出一个基于不同主体层次、多问题领域的"一带一路"语言规划分析研究框架。本文拟借鉴文秋芳提出的国家语言能力构成框架和董晓波提出的"一带一路"语言规划研究框架，采用国家涉外法治语言能力构成框架，结合语言规划理论和问题驱动型路径，提出国家语言能力视域下的涉外法治人才培养研究框架（图1）。政府、学术、行业等各主体层次共同致力于提高国家涉外法治语言能力，为涉外法治人才培养释放合力、培植动力、激发活力。

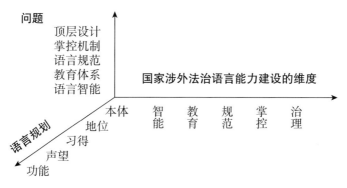

图1　国家语言能力视域下的涉外法治人才培养研究框架

3　涉外法治人才培养现状及待解决的问题

3.1　培养现状

　　在国家层面，近年来我国政府发布了一系列和涉外法治人才培养相关的政策。习近平总书记在2019年2月中央全面依法治国委员会第二次会议中首次提出要培养"涉外法治专业人才"。党的十八大以来，习近平总书记多次围绕涉外法治和法治人才培养发表重要讲话（郑雅方、江必新，2021）。涉外法治人才的培养已经成为我国一项迫在眉睫的工作，也是我国今后很长一段时期的国家战略。

在高校层面，教育部办公厅于 2012 年发布了《中央政法委员会办公室关于公布首批卓越法律人才教育培养基地名单的通知》（教高厅函〔2012〕47 号），其中批准中国政法大学等 22 所高校为涉外法律人才教育培养基地。近年来，高校开展了诸多涉外法治人才培养实践。2021 年，中国政法大学与北京外国语大学合作，共同培养法学＋英语联合学士学位人才。部分高校为适应经济社会转型发展对涉外法治人才培养的新要求，积极构建"校际联合""国内外协同"等多元人才培养模式。

3.2　待解决的问题

近年来，我国不断加强涉外法律服务建设，服务队伍不断壮大，服务领域日益拓展，服务质量不断提升，但就涉外法治专业人才培养而言，仍存在缺少顶层设计、缺少掌控机制、法律语言失范、教育体系不完善、缺少语言智能等问题。

（1）缺少顶层设计

顶层设计是用系统方法，以全局视角，对各要素进行系统配置和组合，制定实施路径和策略（纪大海、杜萍，2010：40）。涉外法治人才培养缺乏顶层设计，表现为同时具备较高的语言技能和涉外法治专业知识的人才短缺。到 2020 年年底，中国有超过 52.2 万名律师。然而，优秀涉外律师总人数较少。司法部编制的全国千名涉外律师名册显示，仅有 985 名优秀涉外律师的相关信息收录其中（司法部，2020）。从机构建设来说，国家涉外法治语言管理存在的主要问题是缺乏统一的行政机构治理涉外法治语言事务。在涉外法治人才培养层面，目前尚未有完善的国家治理和评估体系。

（2）缺少掌控机制

掌控机制的缺少反映在涉外法治语言能力评价机制不完善，涉外法治人才语言能力界定不明确。法律英语证书全国统一考试（Legal English Certificate，LEC）还没有上升成为一个职业准入门槛考试。除英语外，其他语种的法律语言评价和考量标准还处于空白阶段。此外，目前已建成的涉外法治人才库中对于人才的信息采集不够详细，难以做到人才需求与技能的精准匹配。一些人才库建立起来后，未进行定期盘点、汇总、分析，动态监测涉外法治人才的需求与供给情况。

（3）法律语言失范

涉外法治语言的规范化与涉外法治人才的培养质量密切相关。这里的标准化不仅包括法律语言的标准化，还包括法律翻译的标准化。第一，我国涉外法律法规的立法语言缺乏规范性。全国人大常委会法工委于2009年和2011年先后颁布了《立法技术规范（一）》和《立法技术规范（二）》，对立法实践中一些存在混用或使用不一致的法律常用词语进行了规范。然而，已经过去十余年了，有必要对《立法技术规范》进行进一步完善。第二，涉外法律法规的司法语言缺乏规范性。例如，我国涉外民商事裁判文书在内容和形式上存在诸多不足，如格式不统一、语言不规范等（宋连斌、赵正华，2011：116）。第三，缺少涉外法治语言翻译规范化的理论与实践研究。目前法律语言规范化研究大部分都是从语词、语句和语篇角度进行的，从整体来看缺乏系统性。

（4）教育体系不完善

第一，目前的培养目标比较宽泛，缺乏特色。高校大多以"高素质""创新型"和"复合型"人才为培养目标。少有高校将培养符合本地区或特定行业需求的涉外法治人才作为目标。与此同时，培养目标与国家战略之间的联系仍需加强。有许多熟悉欧洲和美国等发达国家法律制度的人才，但熟悉"一带一路"沿线法律法规的人才较为稀缺。第二，教育模式缺乏多元化合作。一方面，合作限于西方国家或一些发达地区，而与"一带一路"沿线国家合作项目少。另一方面，高校对资源整合重视不够，高校之间缺乏资源整合的意识和持续行动，以及与实践部门的互动和沟通。第三，课程体系设计不能满足涉外法治人才知识结构的要求。"一带一路"沿线国家的法律、政治、经济、文化、宗教等方面的涉外法治课程设置较少，限制了学生涉外法治知识和人文知识的视野。第四，教材编写不能适应人才培养发展的需要。目前我国法律英语教材缺乏明确的指导思想，教材编写重心有的在法学知识，有的在英语技能。部分教材选取的案例多为外国的，缺少对我国涉外经典案例的整理与编撰。另外，时效性和实用性不高，未将美国最新的判例及一些有重大影响的案件材料编入教材。大部分法律英语教材仍然以读写译为主，对于听说基本没有或很少涉及。第五，师资队伍建设存在诸多不足。法学院中，除教授国际法的教师外，其他教师主要专注国内领域。外国语学院的大多数教师在普通英语教学方面积累了丰富的经验，但能够教授法律外语并熟悉涉外法律文化的教师较少。

（5）缺少语言智能

2015 年，联合国教科文组织通过《教育 2030 行动框架》，为到2030 年实现"包容和公平的全民优质教育和终身学习"目标做出具体规划，要求"运用恰当的教育教学方法，并由恰当的信息技术支持，同时获得有助于学习的环境的支持"（联合国教科文组织，2015）。但长期以来，由于缺乏真实的语言应用环境，法律英语教学一直局限于课堂教学。实现信息技术与法律外语教学的深度融合还需要时间。同时，一些高校已建成的语料库或规模小、参照意义有限，或因版权或其他原因不便对外公开。单个机构或个人自建语料库对法律英语教与学产生的实际效果极为有限，推广也举步维艰。一些高校、行业和实践部门尚未联合建设涉外法治建设智库，以促进涉外法治人才的培养。

4 涉外法治人才培养建议

4.1 发展国家涉外法治语言治理能力

语言地位规划是对社会的规划，关注语言和社会生活等方面之间的关系。涉外法治语言地位规划的前提是建立完善的涉外法治语言管理机构。首先，强化组织力。目前我国国家语言能力建设的工作还缺乏有力的行政治理体系，建议扩大现有国家语委的功能，统一治理涉内、涉外与语言相关的事务，把提升国家语言能力的任务落到实处。就涉外法治语言能力建设和涉外法治人才培养而言，建议中央全面依法治国委员会之下设立"涉外法治人才培养项目组"，以国家语委为主体，强化和扩大国家语言管理部门的职能，把分散在各部门的语言权利集中起来。其次，强化协调力。"涉外法治人才培养项目组"负责统筹内部资源、协调内部机构关系。一要保证横向的协调，也就是不同职能部门的分工与协调，切实发挥政府部门、高校、法院、检察院、律师事务所、企业等在法治人才培养中的作用，从而实现宏观语言治理的总体性、涵盖性与导向性。二要强化纵向协调力，即保证中央涉外法治语言政策和涉外法治人才培养政策的具体落实，同时需要根据国家政策和地方实际探索创新，致力于培养符合本地区特色的人才。最后，强化执行力。除了借助于国家决策机构颁布规范性文件确立法律英语的地位，还需要在制定涉及人才培养政策的时候，结合高校实际，设计可操作性强的涉外法治人才培养治理执行体系，明确具体实施方案，明确时间表、责任人，促进高校拆解行动、持续反馈、有效执行。各地教育部门、政法部门要加强涉外法治人才培养计划实施过程跟踪管理，强化动态监测，注重宏观策划、强化节点控制，时刻把握工作进度。

4.2　发展涉外法治语言掌控能力

国家涉外法治语言掌控能力是指国家对涉外法治人才资源的熟悉程度和有效利用人才资源的能力，其分项能力由覆盖力、通晓力和支配力三个部分组成。首先，提升人才类型、关键语言和核心领域覆盖力。涉外法治工作队伍由"涉外法治专门队伍"（包括参与全球治理与国际立法的立法工作者、国际法院法官、检察官）、"涉外法治服务队伍"（包括涉外律师、涉外公证员、涉外调解员）和"涉外法治专家队伍"（包括从事国际法学、国别法学和中国法的域外适用等方面的教育工作者和研究者）构成；中国应该有自己的涉外法治"关键语种"覆盖战略，主要包括国际法治事务通用语种和与国家利益密切相关的特需语种。关键语言在一定时间内是一个相对开放的动态系统，能够基于此系统帮助国家在不同时期的具体需求不断调整各语种在教育体系的地位和内在关系；语言功能规划是规划各语言现象在各功能层次的价值与作用，分为国语、官方工作语言、教育、大众传媒、公共服务、公众交际、文化、日常交际八个层次（李宇明，2008：2）。中国应布局涉外法治"关键领域"覆盖战略。其次，提升通晓力。在了解我国涉外法治人才掌握的语种数量有多少，能在多少领域内发挥功能的基础上，国家将上述人才纳入涉外法治人才库进行管理，并为他们建立详细的个人信息档案，增加单项搜索方便不同职能部门随时派遣和使用，以提高人才调用的准确性，充分利用人才的聚集和辐射效应。利用人工智能、互联网、大数据分析等科技手段，实现涉外法治服务需求的深度挖掘和人才推荐的科学匹配，有效整合和获取全国乃至世界优质涉外法治服务资源。最后，提升支配力。司法部、律师协会等应建立涉外法治人才推介平台，为涉外法治人才库成员提供更多机会参与涉外法治事务，如推荐"涉外法治专门队伍"中的精英人才进入国际组织、国际争议解决机构任职，搭建"涉外法治服务队伍"与政府职能部门的对接平台，畅通用人渠道，提供更多参与实践机会，加强"涉外法治专家队伍"与出版机构和国际法治论坛的合作，提供学术成果展示平台。

4.3 发展涉外法治语言规范能力

国家涉外法治语言的本体规划是指涉外法治文字规范和翻译标准的制定。法律是规范人的行为的，但它本身首先要受语言的规范（廖美珍，2008：31）。首先，加强理论力。涉外法治语言规范化理论的构建，是在积极研究和探索涉外法治语言理论的基础上，从法律领域的语料库规划入手，打破法律、社会学、政治学、语言学单一的研究格局，结合该领域的实际情况开展法律语言学研究，落实法律术语的规划和翻译规范，寻找适合的可供借鉴的理论，并将其应用于法律语言的研究，进而应用于涉外法治语言的研究。其次，加强标准力。涉外法治语言的规范化对于培养涉外法治人才具有极其重要的意义，因为人类社会中大多数不同的法律关系和法律主体之间的权利义务都需要通过法律语言来规定和巩固。为深入全面地参与国际事务，应召集国际权威专家成立法治语言规范协会，促进法律语言规范理论的完善，充分利用行政资源，建立标准化应用问题收集和响应机制，定期收集各应用领域的语言标准化问题和意见。最后，加强翻译力。中国翻译协会应制定法律翻译标准和规范、明确法律语言翻译人员的能力要求和评价方法。同时，应建立合理的法律翻译批评制度的程序规则和实体标准。

4.4 发展涉外法治语言教育能力

习得规划亦称教育规划，一般是通过正规的、外在的教学系统完成。教育规划的实质是为了培养和维护个体乃至群体的语言熟练程度所采取的措施。首先，提高学科力。根据法律英语的特质，应将其定位为与商务英语并列的学科方向（张法连，2019：6）。我国许多高校都设立了法律英语专业方向，现阶段要分析现状，梳理新专业存在的问题和优缺点，结合学校和新专业的实际情况，提出明确、分阶段、切实可行的目标。其次，提高科学力。科学力是指培养语言人才是否符合学科规律（文秋芳、张天伟，2018：117）。修订涉外法治人才培养方案需要在学校、专业和课程层面上推进。学校层面的重点是确定培养理念、方向和框架；专业层面的重点是确定培养模式、方案和平台建设；课程层次的重点是确定教学模式和教材建设。不同层次高校的人才培养目标要扬长避短，避免过度同质化导致的学校发展。例如，具有良好的综合实力的高校应重点培养具有引领社会发展能力的涉外法治精英人才，如法治外交人才或国际知名律师；综合实力较强、特色优势明显的高校应重点培养服务于某一地区或领域的人才。最后，提高教学力。涉外法治语言教材的编写必须从教学规律入手，结合我国涉外法治实践的需要，着眼于学习者的需要，同步编写涉外案例教材，同步主要教材和参考书。建立结构合理的专业教师队伍是人才培养的重中之重。在吸引方面，积极引进培养学科专业带头人和课程骨干教师，聘请具有丰富实践经验的专家担任特聘、兼职、客座教授、教师，弥补实践环节薄弱的缺陷。在培训方面，通过短期培训、进修、自学、访校、攻读学位、学术交流等形式，提高教师整体水平。

4.5 发展涉外法治语言智能能力

就涉外法治语言的智能化建设而言，智库、语料库和学习平台的建设是重点。首先，加强智库建设。高校、行业建立的智库是涉外法治人才的培养结构体系的支撑，起到为决策部门建言献策的作用，能够就涉外法治人才培养过程中出现的新问题提出有针对性的建议。其次，加强语料库建设。利用双语平行语料库，学习者能够便捷地检索到大量译例、探索翻译规律，有效扭转传统翻译教学中学生被动学习的局面（蔡永贵、余星，2021：89）。此外，建立多模态语料库，即经过对声音、图像、动作、手势、面部表情等多种模态形式进行人工标注后的语料库（杨林伟、伍忠杰，2012：72），学习者可以便捷地抽取语料进行横向和纵向比较，充分学习并掌握涉外法治语言的语篇知识。最后，深入研究涉外法治语言资源的设计，加强涉外法治语言学习平台建设。

5 结语

声望规划以提高语言的社会声望为目标，以传播和推广行动来实现（姚志华，2018：58）。习近平总书记在中共中央政治局第三十次集体学习时强调，"讲好中国故事，传播好中国声音，展示真实、立体、全面的中国，是加强我国国际传播能力建设的重要任务"（新华网，2021）。全面提高国际传播效能，以适应新时期国际传播的需要，离不开涉外法治语言规划。构建对外话语体系，促进中国故事和中国声音的表达，离不开涉外法治人才。国家涉外法治语言能力下的五项能力——治理、掌控、规范、教育、智能之间有优先发展的考量，但不一定呈现简单线性发展关系，其对应的涉外法治人才培养方案可以协同发展，相互促进。

【参考文献】

[1] Brechet R. D., Walton A. R. National strategic planning in the less commonly taught languages[J]. *Annals of the American Academy of Political & Social Science*, 1994(2): 190-213.

[2] 蔡永贵，余星．"互联网＋"背景下基于语料库的翻译教学模式研究［J］．宜春学院学报，2021（5）：88-91．

[3] 董晓波．基于"一带一路"的我国语言规划研究：内容与方法［J］．外语教学理论与实践，2020（1）：1-8．

[4] 纪大海，杜萍．顶层设计——高校人才培养新视角［J］．中国高等教育，2010（7）：40-42．

[5] 教育部办公厅，中央政法委员会办公室．关于公布首批卓越法律人才教育培养基地名单的通知［EB/OL］.［2022-09-20］. http://www.gov.cn/zwgk/2012-12/19/content_2293555.htm.

[6] 李宇明．语言功能规划刍议［J］．语言文字应用，2008（1）：2-8．

[7] 联合国教科文组织．教育 2030 行动框架［EB/OL］.［2022-10-18］. http://www.unesco.org/new/fileadmin/MULTIMEDIA/HQ/ED/ED_new/pdf/FFA-ENG-27Oct15.pdf.

[8] 廖美珍．中国法律语言规范化若干问题之我见［J］．修辞学习，2008（5）：30-36．

[9] 沈骑，赵丹．全球治理视域下的国家语言能力规划［J］．云南师范大学学报（哲学社会科学版），2020（3）：47-53．

[10] 司法部．全国千名涉外律师人才查询系统［EB/OL］.［2022-06-12］. http://www.bcisz.org/plug/lawyerquery/.

[11] 宋连斌，赵正华．我国涉外民商事裁判文书现存问题探讨［J］．法学评论，2011（1）：115-120．

[12] 苏金智，张强，杨亦鸣．国家语言能力：性质、构成和任务［J］．语言科学，2019（5）：449-459．

[13] 文秋芳，张天伟．国家语言能力理论体系构建研究［M］．北京：北京大学出版社，2018．

[14] 文秋芳．对"国家语言能力"的再解读——兼述中国国家语言能力 70 年的建设与发展［J］．新疆师范大学学报（哲学社会科学版），2019（5）：57-67．

[15] 新华社．习近平主持召开中央全面依法治国委员会第二次会议［EB/OL］.［2022-08-08］. http://www.gov.cn/xinwen/2019-02/25/content_5368422.htm.

[16] 新华网. 习近平在中共中央政治局第三十次集体学习时强调加强和改进国际传播工作展示真实立体全面的中国 [EB/OL]. [2022-10-12]. http://www.xinhuanet.com/2021-06/01/c_1127517461.htm.

[17] 杨林伟，伍忠杰. 基于 Web 的多媒体新闻语料库的建设与实施——以听力教学与研究为目的的设计模型 [J]. 现代信息技术，2012（8）：72-76.

[18] 姚志华. 关于中国当前语言现状和语言规划的思考 [J]. 语文建设，2018（12）：56-57.

[19] 张法连. 法律英语学科定位研究 [J]. 中国外语，2019（2）：4-9.

[20] 郑雅方，江必新. 加强涉外法治人才培养的四个维度 [N]. 光明日报，2021-05-04.

Research on the Cultivation of Foreign-Related Rule-of-Law Talents from the Perspective of National Language Capacity Construction

Guo Jie   Dong Yuran

(Nanjing Normal University, Nanjing 210097)

Abstract: Since the reform and opening up, China has made some achievements in the cultivation of foreign-related rule-of-law talents, but there are also multiple problems, such as the lack of top-level design, the insufficient overall number of talents, imperfect education system, and so on. Guided by Xi Jinping's Thought on the Rule of Law and driven by the problem-oriented path, this paper presents a theoretical framework of national foreign-related rule-of-law language capacity covering "five kinds of competence"— governance, monitoring, standardization, education as well as intelligence, and puts forward some suggestions for the cultivation of foreign-related rule-of-law talents, aiming to provide some references for colleges and universities to deeply implement Xi Jinping's Thought on the

Rule of Law.

Key Words: National Language Capacity; Foreign-Related Rule-of-Law; Cultivation of Talents; Language Planning

作者简介： 郭洁，南京师范大学博士生，江苏国际法治动态研究中心研究员，研究方向：法律语言与翻译、语言政策与规划。

董宇冉，南京师范大学商学院本科生，研究方向：金融学、商务法律语言与翻译。

基金项目： 本文系国家社科基金重点项目"中国特色法治术语翻译与对外法治话语能力建构研究"（项目编号：20AYY008）的阶段性成果。

翻译研究

基于 MDA 模型的自建语料库《黄帝内经》英译本语域特征对比分析

徐　珺[1]　王　钊[1]　宋佳音[2]

（1. 中国政法大学；2. 对外经济贸易大学）

【摘　要】本研究基于 MDA 多维分析模型对《黄帝内经》Ilza Veith 英译本（以下简称威译）、Maoshing Ni 英译本（以下简称倪译）和杨明山英译本（以下简称杨译）的语域特征进行对比考察。研究表明：①三译本分别为"交互性劝说型""普通叙述说明型"和"科技说明文型"语域；②从整体上看，三者除维度 3 外其他维度均存在显著性差异；③从语言特征区别上看，威译与倪译、威译与杨译、倪译与杨译分别有约 27%、31% 和 31% 的显著差异语域特征。通过对多译本的语域特征对比，能有效推进中医药法典的英译研究和不同译者的翻译语言特征研究，是对当今中国文化传播方式的创新。

【关键词】MDA 分析模型；《黄帝内经》英译本；语域特征对比分析

1　引言

《黄帝内经》作为我国战国秦汉时期的较为系统和完整的医学典籍，

是中国医学理论的奠基之作，也是最早在西方广泛传播的中医文化典籍之一。《素问》与《灵枢》合称《黄帝内经》，每部分各81篇共计162篇。对中医理论和治疗方法的阐释在形式上是基于黄帝与其臣子岐伯、少师和雷公等人的问与答的形式进行的，而内容上多围绕阴阳、五行和藏象学说等11个方面开展而来，完整阐释了"天人合一"的智慧，被誉为"医典之宗"。

语域（register）是指根据情景语境而产生的语言功能变体，呈现出一系列高频率的语言特征（Halliday，1988：162）。Biber（1988）创立的多维分析方法（Multidimensional Analysis，MDA）可以有效地区分文本的语域，是对比文本语域特征的一种有效手段。目前已成为学界用于分析语域差异的工具之一，如小说、论文、写作与会议记录的语域分析（Abbas, Mahmood, Asghar, 2018; Chang, Chen, Perfetti, 2018; Troia, Shen, Brandon, 2019），对口语、对话与演讲的语域分析（Zenouzagh, 2018; Zhang, Sun, Peng, et al, 2017）等。但是学界鲜见基于MDA分析模型对中医药法典英译文的语域差异分析。

随着中医走出国门，走向世界，《黄帝内经》的英译越来越受到翻译界的重视，因此《黄帝内经》的英译研究作用不可小觑。本文试图基于MDA模型探讨与分析《黄帝内经》三个译本间的语域特征差异，以期对中医典籍的英译研究以及中医药的对外传播具有重要的指导意义。

2 现有研究简要回顾

2.1 《黄帝内经》研究简要回顾

我们通过中国知网（CNKI）对有关《黄帝内经》的文献进行统计，共7725篇文献（截至2022年11月26日），如图1所示。

图1显示，《黄帝内经》不仅是医学者们所研究的经典著作之一，也是语言学家、教育学家和哲学家研究的珍贵学术资源。无论是在外国语言文学还是中国语言文学领域，《黄帝内经》的语言都是一座珍贵的中医

药宝库，理解《黄帝内经》的语言有助于更准确学习中医医学的理论。

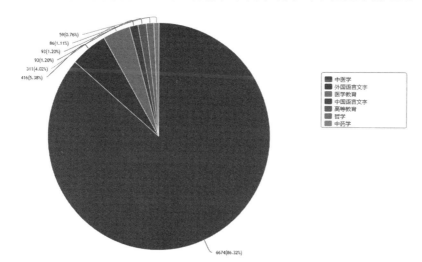

图1 《黄帝内经》研究学科分布

在剔除关联性不高的文献后，我们把《黄帝内经》相关文献锁定在CSSCI期刊和北大核心期刊，获得近20年《黄帝内经》研究发展趋势，结果如图2所示。

ℹ️ 数据来源：文献总数：1394篇；检索条件：（主题%='黄帝内经' or 题名%='黄帝内经'）AND（（年 Between('2002','2022')）AND（（核心期刊='Y'）OR（CSSCI期刊='Y'）））；检索范围：期刊。

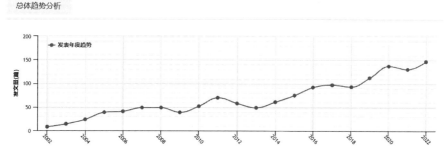

图2 近20年核心期刊《黄帝内经》研究发展趋势

图2显示，近20年来我国学者对《黄帝内经》的关注度显著增强，从2002年每年核心期刊发文量8篇，增长到2022年核心期刊发文量147篇。

数据显示CSSCI和北大核心期刊发表的近20年文献中，发文量前三名的学科分别为中医学为 1282 篇（87.75%）、外国语言文学为 85 篇（5.82%）和中国语言文学 15 篇（1.03%）。

其中与"颜色词"相关文献 5 篇，如廖正刚、杨忠（2017）采用内省法基于语料库对《黄帝内经》中的颜色词的次范畴化进行统计，结合概念整合理论发现非基本颜色词的临床意义。

2.2 《黄帝内经》英译及其英译研究简要回顾

我们进一步对近 20 年来中国知网（CNKI）有关的《黄帝内经》英译研究进行检索统计，共获 241 篇相关文献，其中核心期刊共 82 篇、CSSCI 文献共 12 篇（截至 2022 年 11 月 26 日），如图 3 所示。

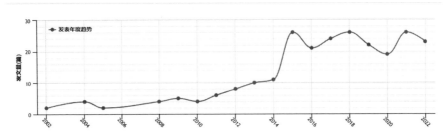

图 3　近 20 年《黄帝内经》英译研究文献发展趋势

我们以《黄帝内经》英译本文献中的主题为依据进行排行，大体可分为"术语英译"（15 篇）、"文化负载词"（11 篇）、"生态翻译学"（8 篇）、"隐喻"（6 篇）和"修辞格"（6 篇）。就以"术语英译"为主题的文献而言，有的学者对同类术语进行梳理探讨该类术语英译的策略，如潘玥宏、张淼（2019）对养生术语进行分类，并探讨对应的 4 种结构类型的养生术语英译策略；有的学者对单个病名术语进行研究，如蔡娟、任荣政（2021：11）对病名术语"癫"在《黄帝内经》4 个英译本中不同语境下的英译进行分析讨论，对术语的引申和变通性明确。在以"文化负载词"为主题的文献中,刘成等(2022:09)基于译介学理论,将《黄帝内经》中的文化负载词进行分类,通过对比分析生态名词类、中医专有名词类和哲学宗教类中医文化负载词,提出英译研究对策,推动了中医药文化外宣工作。除此之外,以"生态翻译学"为主题的文献,如闵玲(2020:08)基于生态翻译学对"黄帝""内""经"的英译进行探讨,为译者提供可参考的英译标准。其次,"隐喻"及"修辞格"也是研究热点,因为《黄帝内经》中的医理内涵常表达于大量隐喻(metaphor)之中,体现了古代医家丰富的语言表达力。刘毅等(2020:02)对李照国版《黄帝内经》英译本中的名词化隐喻进行梳理助推中医典籍学术语篇的问题风格塑造;姚秋慧、陈战(2021:08)对《黄帝内经》的3个英译本中方位隐喻的翻译认知过程进行论证。

从1945年到2022年《黄帝内经》出版过多个英译本,而译者的国籍与职业差异巨大。较有代表性的译者有来自美国的威斯(Ilza Veith)和美籍华人倪毛信(Maoshing Ni),有来自德国的文树德(Paul Unschuld)等海外译者,也有不少国内学者,如罗希文和杨明山等。就职业而言,有博士医史学家(威斯)、擅长实践的中医临床医生(倪毛信)和治学严谨的医学学者(文树德和李照国)。不同译者翻译的译本内容和也不尽相同,有节译、选译、摘译、编译等不同译本。从英译文本来看,以李照国《素问》和《灵枢》*Yellow Emperor's Canon of Medicine: Plain Conversation*(2005)的文献居多。有关威斯《素问》前34章节译 *The Yellow Emperor's Classic of Internal Medicine*(1949)的文献34篇。以文树德《内经》编译本 *Huang Di Nei Jing Su Wen Nature, Knowledge, Imagery in an Ancient Chinese Medicial Text*(2003)研究对象的文献分共32篇。以罗希文翻译的的《素问》选择前22篇选译本 *Introductory Study of HUANGDI NEI-JING*(2009)和倪毛信《素问》的编译本 *The Yellow Emperor's Classic of Medicine*(1995)为研究对象的文献各10篇和9篇。以杨明山的《黄帝内经素问新译》*New English Version of Essential Questions in Yellow Emperor's Inner Cannon*(2015)为研究对象的文献为2篇。总体而言,《黄帝内经》英译本研究已从纯理论研究过渡到具体文本的研究,从符号层面的微观研究过渡到宏观层面的语篇研究。

由上述回顾可知，对《黄帝内经》的英译本研究逐渐发展为目前国内外学者的研究趋势，但是有关《黄帝内经》英译本的语言多维学界鲜有涉足。

本研究通过自建《黄帝内经》中英文小型语料库，采用 Biber（1988、1995）多维分析模型（MDA）和 Nini（2015）多维标注与分析工具（MAT）对比分析《内经》威斯英译本、倪毛信英译本和杨明山英译本3个英译本的67个语言特征，探析不同译文的语域特征差异，对中医典籍的翻译工作具有借鉴意义。

3 研究设计

3.1 研究模型

根据考察目标，我们建构了《中医药法》中文版和对应的3个英文版语料库。我们运用 Biber（1988）的多维分析模型（MDA）。Biber（1988）通过分析67个语域特征考察了口语和书面语的区别性特征，他总结了语域的共现情况，并归纳为6个功能性维度，维度1至维度6分别为"交互性与信息性表达""叙述性与非叙述性关切""指称明晰性与情境依赖型指称""显性劝说性表述""信息抽象与具体程度""即席信息组织精细度"。Biber（1995）进一步扩展和完善了该模型，使该模型具有较好的信度与效度。

3.2 研究工具

本研究采用的研究工具主要有：1）Nini（2015）开发的多维标注与分析工具 Multidimensional Analysis Tagger 1.3（MAT）。这款软件使用 Biber（1988，1995）提出的67个语言特征和6个功能维度对文本的标注和数据统计等工作进行自动化处理；2）SPSS 19.0。本文通过运用

SPSS19.0[①] 对 MAT 所报告的维度值分别进行方差分析，以此确定译本间不同维度的差异。

3.3 语料来源

本研究自建了《黄帝内经》语料库，即《黄帝内经》（中文版）和威译、倪译和杨译（3 个英译本）语料库。据现有资料，威译是最早完整翻译并出版的译本，其中前半部分内容为引言、序言、目录和插图说明等。鉴于中西医辩证思想和文化的巨大差异，引言部分分析了"道"和阴阳的原理及其在《黄帝内经》中的应用、五行和天干的知识、身体各器官之间互联互通的关系。后半部分为《素问》的前 34 篇内容，在翻译史上，威译的作用不可小觑。最新出版的译本为杨明山的译本，该译本以中英对照的形式呈现，由复旦大学出版社 2015 年出版。译者杨明山认为古希腊的《希波克拉底全集》和《黄帝内经》分别为西医和中医的奠基之作，而中西医学起源不同，英汉语分属两个不同的语言体系，故翻译时要结合多种形式等效的翻译原则，以便读者比较阅读。该译者原是西医医生，因此在翻译过程中采用"表为西医的表达方式，实为传递西医的文化精髓"的形式进行翻译。以喜闻乐见的方式翻译的倪译更是为读者所喜好，译者倪毛信认为该书的目标读者为中医业余爱好者，因此要以不过干扰读者思路和注意力为原则进行翻译，因此对阅读难度降低，并不添加任何脚注和尾注，该译本可读性较强。

其中倪译和杨译各 81 篇全译文，威译本为节译本，仅有 34 篇。我们将译本按自然章节切分为多个文本，语料库构成详情如表 1 所示。

---

① SPSS（Statistical Program for Social Sciences）是一款集成化的计算机处理和统计分析通用软件，是世界公认的最优秀的统计分析软件工具之一，被广泛应用于自然科学和社会科学的各个领域。

表 1　语料库构成

子库	文本数	形符数	译本出版时间	译者身份
威译	34	54,496	1949 年	美国人
倪译	81	109,186	1995 年	美籍华人
杨译	81	129,635	2015 年	中国人
共计	196	293317		

4　研究问题

本研究借助 MAT1.3 对 3 个译文进行词性赋码和自动分析，在此基础上，我们使用 SPSS 对 3 个英译本的维度分进行分析，来考察以下两个问题。

（1）《黄帝内经》不同英译本在 6 个维度上呈现什么样的总体语域特征？

（2）3 个英译本是否存在显著语言特征差异？

5　统计结果与分析

5.1　《黄帝内经》不同英译本在 6 个维度上呈现的总体特征

MAT 将各子库文本分词、标注和分析。根据 MAT 呈现的维度分数，可将 3 个译本的 6 个维度差异转换为图 4。MAT 软件将《黄帝内经》3 个译本分别自动归类，文本分类揭示了 3 个译本的语域类型。威译被归为"交互性劝说型"（Involved Persuasion）语域，该类文本主要包括"演讲和采访"等子域；倪译被归为"普通叙述说明"（General Narrative

Exposition）语域，该类文本主要包括"新闻报道、评论和传记"等子类；杨译被归为"科技说明文"（Scientific Exposition）语域，该类文本主要包括"学术散文和官方文件"等子域。

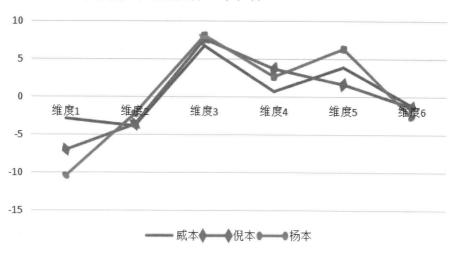

图 4 《黄帝内经》3 个译本语域维度差异

我们通过 SPSS19.0 软件，进一步对 3 个子库的 6 个维度得分及语域特征分值进行方差分析，得出的数据如表 2 所示。除维度 3 外，3 个译本在维度 1、维度 2、维度 4、维度 5、维度 6 上均呈现出显著性差异（p<0.05）。维度 3 分值表示对语境依赖性程度，3 个译本均体现出情境依赖特征（均为正分），且无显著性差异。维度 1 上分值高，则交互性强信息性弱，因此 3 个译本均呈现出信息性强于交互性的特点（均为负值），而信息性强度由高到低为杨译、倪译和威译；维度 2 分值高，则叙事性强，三者的叙事性都较弱（均为负分）；维度 4 分值高表示态度较为强烈，三者均体现出语域的显性劝说性特征（均为正分），维度 3 所体现的情境依赖性高和维度 4 体现的现象劝说性强可能与文本中存在大量的对话有一定关系；维度 5 分值高说明正文内容抽象，3 个译本均表现出较高的信息抽象程度（均为正分）；维度 6 分值高，则表明信息量受时间限制，3 个译本均体现出较低的即席信息组织精细度（均为负分）。

表2 《黄帝内经》3个英译本语域维度

维度	威译（n=34）		倪译（n=81）		杨译（n=81）		F	p	Partial η^2
	M	SD	M	SD	M	SD			
维度1	−2.92	4.61	−7.04	4.99	−10.46	5.73	25.905	0.00	0.212
维度2	−3.90	1.96	−3.69	1.88	−2.28	3.38	7.608	0.00	0.073
维度3	6.68	2.57	7.57	3.01	8.05	3.95	1.996	0.14	0.02
维度4	0.66	3.81	3.65	6.00	2.62	4.81	3.968	0.02	0.039
维度5	3.84	2.91	1.58	2.75	6.27	6.70	19.195	0.00	0.166
维度6	−1.24	1.06	−1.41	1.13	−2.68	0.77	42.765	0.00	0.307

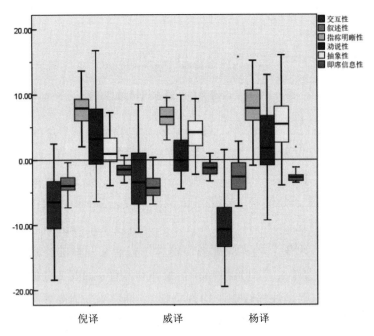

图5 《黄帝内经》3个译本语域各维度差异

我们使用SPSS19.0软件，进一步对3个译本的维度分数进行数据分析，呈现的箱线图如图5所示。箱线图呈现了3个文本6个维度对应的极值、四分位数和中位数。根据6个功能维度分值体现具体的文本特征。以零虚线为参照，可以直观体现出3个译本语域的多维特征。结合上文

表 1 分析可知，首先，维度 1 交互性（SD=4.61、4.99、5.73）及维度 4 劝说性（SD=3.81、6.00、4.81）上语言特征偏多，SD 值较高，分值区分颇大，说明 3 个译本的交互性及显性劝说性稳定性均不高。维度 2 叙事性（SD=1.96、1.88、3.38）和维度 6 即席信息组织精细度度（SD=1.06、1.13、0.77）上语言特征较少，SD 值较小，分值区分颇小，说明 3 个译本的叙事性与即席信息组织精细度度稳定性均较高。

综上所述，《黄帝内经》3 个英译本整体语域均有差异。结合 MAT 报告数据，3 个译本语言特征又存在语域相交叉的现象，如在各自篇上均具有显性劝说性特征，在第 14、26、27、33 篇 3 个译本均属于交互性劝说型语域。这一重叠的语域现象体现了多维分析方法的特点，即对特定文本进行语域分析，不是单一维度、单一语言特征的分析结果，而是多维度、多特征的分析结果。

5.2 《黄帝内经》3 个英译本语域差异分析

为进一步分析 3 个译本语域出现差异的原因，本研究将 3 个译本进行两两比较。通过独立样本 t 检验探究 67 项语言因素中显著的语域特征差异。与此同时，笔者运用 WordSmith 8.0 对 MAT 标注后的译本进一步检索统计，对译本间的语域特征差异进行具体分析。

5.2.1 《黄帝内经》威译与倪译间的语域特征差异分析

为进一步呈现各译本之间的差异，我们首先对比了威译与倪译。我们发现显著差异的语域特征为 18 个（约 27%），如表 3 所示。限于篇幅，表 3 仅列出前 10 个具有显著差异的语言特征（p<0.05）。维度 1：私动词（PRIV）、副词（RB）、不定代词（INPR）、介词词组（PIN）、表示强化的副词（AMP）、话语小品词（DPAR）、估量副词（HDG）、滞留介词（STPR）、第一人称代词（FPP1）、省略从属连词（THATD）；维度 2：没有关系词的过去分词短语（WZPAST）、完成时（PEAS）、公动词（PUBV）、过去时（VBD）；维度 4：动词不定式 TO（TO）；维度 5：带 by 的被动语态（BYPA）；维度 6：并列短语（PHC）、指示词（DEMO）。

表 3 《黄帝内经》威译与倪译差异最大的 10 个语言因子

序号	语域特征	威译	倪译	t	p	差值绝对值
1	并列短语（PHC）	5.45	5.66	52.91	0.01	0.21
2	私动词（PRIV）	−0.95	−0.82	−13.62	0.05	0.13
3	带 by 的被动语态（BYPA）	1.16	1.05	20.09	0.03	0.11
4	指示词（DEMO）	−0.75	−0.65	−14.00	0.05	0.10
5	副词（RB）	−1.61	−1.70	−36.78	0.02	0.09
6	不定代词（INPR）	−0.62	−0.67	−25.80	0.03	0.05
7	没有关系词的过去分词短语（WZPAST）	−0.58	−0.63	−24.20	0.03	0.05
8	完成时（PEAS）	−1.27	−1.22	−49.80	0.01	0.05
9	动词不定式 TO（TO）	−0.77	−0.82	−31.80	0.02	0.05
10	公动词（PUBV）	−0.59	−0.54	−22.60	0.03	0.05

结合前文分析可知，威译交互性、情境依赖性和即席信息组织精细度较强，叙事性和劝说性较弱，更符合交互性劝说型文本的特点。倪译表述较为具体，相对更符合普通叙述说明文的特点。具体表现为威译使用带 by 的被动语态、副词、不定代词、没有关系词的过去分词短语和动词不定式 TO 更多；倪译更多使用并列短语、私动词、指示词、完成时和公动词等。需要指出的是，上述差异的原因与译者的翻译目的、对待源语文化的态度及译者的翻译策略息息相关。

并列短语（PHC）倪译比威译多，以第 6 篇为例，威译出现并列短语的次数为 12 次，而倪译的次数为 20 次。

请看下列例子：

a) 中文语篇：是故三者之离合也，太阳为开，阳明为阖，少阳为枢。（王冰，2003）

b) 英文语篇：This then is the parting and the meeting of the three Yang. The Great Yang acts as opening factor, the 'sunlight' acts as covering factor, and the lesser Yang acts as axis or central point.（威译，

1949）

Now we should differentiate and summarize the three yang channels. "Taiyang is on the surface, and its nature is <u>open and expansive</u>; it is the outside. The yangming is internal and its action is storing; thus it is the house. The shaoyang, which is between the internal and external, acts as a bridge and is considered the hinge between <u>interior and exterior</u>.（倪译，1995）

三阴三阳，是《黄帝内经》阴阳离合论篇第 6 篇论述的核心内容，把阴和阳各分成"三等"：太阴、少阴、厥阴和太阳、少阳、阳明。手、足各领三阴三阳经脉对应五脏六腑形成十二经脉的理论，并定义其"相表里"关系。开是显露，阖是收敛，枢是转换。该句今义为："因此，三阳经的离合，分开来说，太阳主表为开，阴明主里为阖，少阳介于表里之间为枢。"倪译中用带 and 的并列结构做表语，更能清晰准确地表达作者想要表达的"开""阖"与"枢"的意义与关系。与倪译相比，语言更加简洁明了，根据 MAT 的分析结果，威译和倪译分别被归类于"交互性劝说型"和"普通叙述说明型，该例句也充分体现了该语域特征，威译的译句更具有交互性，而倪译的译句更能体现叙说说明的特征。

5.2.2 《黄帝内经》威译与杨译间的语域特征差异分析

通过对比威译与杨译，可以发现，二者的语域显著差异为 21 个（约 31%），如表 4 所示。限于篇幅，表 4 也只列出前 10 个具有显著差异的特征（p<0.05）。维度 1：名词（NN）、独立句连词（ANDC）、语气强化词（EMPH）、第一人称代词（FPP1）、省略从属连词（THATD）、话语小品词（DPAR）、代动词 do（PROD）、不定代词（INPR）、估量副词（HDG）、滞留介词（STPR）；维度 2：第三人称代词（TPP3）、完成时（PEAS）、过去时（VBD）；维度 3：短语并列（PHC）、说服性动词（SUAV）、时间状语（TIME）；维度 4：表示应该的情态动词（NEMD）；维度 6：带 there 的存在句（EX）、做动词补语的 that 从句（THVC）、做宾语的定语从句（TOBJ）、做宾语的 WH 引导词（WHOBJ）。结合前文

分析可知，威译交互性、情境依赖性和即席信息组织精细度较强，叙事性和劝说性较弱，更符合交互性劝说型文本的特点。杨译交互性、情境依赖性和即席信息组织精细度较弱，叙事性和文本抽象性较高，更符合科技说明文的语域特征。具体表现为威译使用表示应该的情态动词、第三人称代词、带 there 的存在句、独立句连词、语气强化词、做宾语的定语从句更多；杨译更多使用名词、短语并列、说服性动词、做动词补语的 that 从句等。需要指出的是，上述差异的原因与译者的翻译目的、对待源语文化的态度及译者的翻译策略息息相关。

表4 《黄帝内经》威译与杨译差异最大的 10 个影响因子

序号	语域特征	威译	杨译	t	p	差值绝对值
1	名词（NN）	1.24	2.39	42.46	0.02	1.15
2	表示应该的情态动词（NEMD）	2.32	1.32	17.86	0.04	1.00
3	短语并列（PHC）	5.45	6.41	16.09	0.04	0.96
4	第三人称代词（TPP3）	−0.40	−1.12	−27.00	0.02	0.72
5	带 there 的存在句（EX）	1.71	1.04	13.86	0.05	0.67
6	独立句连词（ANDC）	1.80	1.16	15.57	0.04	0.64
7	说服性动词（SUAV）	0.10	0.58	37.67	0.02	0.48
8	做动词补语的that从句（THVC）	−0.49	−0.80	−39.00	0.02	0.31
9	语气强化词（EMPH）	−1.16	−0.94	−63.67	0.01	0.22
10	做宾语的定语从句（TOBJ）	−0.28	−0.47	−14.43	0.04	0.19

名词（NN）杨译比威译多，以第 15 篇为例，威译出现名词的次数为 119 次，而杨译的次数为 128 次。

请看下列例子：

a) 中文语篇：

黄帝问曰：余闻揆度奇恒，所指不同，用之奈何？（王冰，2003）

b) 英文语篇：

The Yellow Emperor said:"I understand that you take into consideration that strange and rare occurrences and those which are constant and regular have different indications and cannot be treated alike."（威译，1949）

Yellow Emperor asked: "I heard of <u>The Measurement and Judgement and The Extraordinary and Ordinary Diseases</u>, which are different in content, and how to apply them?"（杨译，2015）

该句今义为："黄帝问道：我听说《揆度》《奇恒》所指的内容各不相同，应当怎样运用呢？"。马莳认为，《揆度》《奇恒》都是古经篇名（马莳，1998），其中揆度释义为揣度和估量的意思，而奇恒释义为不同平常。张景岳（1957）在《类经·十二卷·论治类》中曾说："奇恒，异常也。"又说："奇病，异常之病也。"中医典籍的名词化翻译可以使译文简洁且客观，采用名词化翻译的术语英译可提高翻译的表达水平（邹德芳，2018：4）。中医术语的名词化通常有以下几个特点：①将中医术语译为普通名词，以降低读者的阅读难度，如 internal 和 external 等；②借以西医术语翻译中医术语，如 lung 和 liver 等；③将中医术语直接译为其拼音的形式，如 yin 和 yang 等；④运用构词法创造新词，如 eletropuncture 是 electricity 和 acupuncture 构成的新单词。在威译中"揆度奇恒"被译为 strange and rare occurrences and those which are constant and regular，而在杨译中"揆度"揆度被译为 The Measurement and Judgement"奇恒"奇恒被译为 The Extraordinary and Ordinary Diseases，相较于威译，杨译更显简洁，还原了原文的形美，与原文的结构有异曲同工之妙。威斯和杨明山分别为外国译者和中国译者，外国译者的母语并非汉语更偏向于归化的翻译策略，杨明山是中国西医医生，译本更倾向于异化的翻译策略。

5.2.3 《黄帝内经》倪译与杨译的语域特征差异分析

通过对比译本倪译与杨译的语言特征，可以发现，显著差异的特征为 21 个（约 31%）。与前文相同，我们也只列出前 10 个具有显著差异的特征（p<0.05），如表 5 所示。维度 1：独立句连词（ANDC）、名词（NN）、省略从属连词（THATD）、第一人称代词（FPP1）、不定代词（INPR）、语气强化词（EMPH）、代动词 do（PROD）、估量副词（HDG）、话语小品词（DPAR）；维度 2：完成时（PEAS）、过去时（VBD）、第三人称代词（TPP3）；维度 3：并列短语（PHC）、时间状语（TIME）；维度 4：表示应该的情态动词（NEMD）、说服性动词（SUAV）；维度 5：带 by 的被动语态（BYPA）；维度 6：带 there 的存在句（EX）、做宾语的定语从（TOBJ）、做动词补语的 that 从句（THVC）、做宾语的 WH 引导词（WHOBJ）。

表 5 《黄帝内经》倪译与杨译差异最大的 10 个语言因子

序号	语域特征	倪译	杨译	t	p	差值绝对值
1	并列短语（PHC）	5.66	6.41	16.09	0.04	0.75
2	带 by 的被动语态（BYPA）	1.05	1.24	12.05	0.05	0.19
3	完成时（PEAS）	−1.22	−1.37	−17.27	0.04	0.15
4	表示应该的情态动词（NEMD）	1.18	1.32	17.86	0.04	0.14
5	独立句连词（ANDC）	1.02	1.16	15.57	0.04	0.14
6	带 there 的存在句（EX）	0.90	1.04	13.86	0.05	0.14
7	过去时（VBD）	−0.98	−0.86	−15.33	0.04	0.12
8	名词（NN）	2.28	2.39	42.46	0.02	0.11
9	省略从属连词（THATD）	−0.65	−0.57	−15.25	0.04	0.08
10	第三人称代词（TPP3）	−1.04	−1.12	−27.00	0.02	0.08

带 by 的被动语态（BYPA）杨译比倪译多，以第 28 篇为例，杨译出现带 by 的被动语态的次数为 16 次，而倪译的次数为 10 次。

请看下列例子：

a) 中文语篇：

岐伯曰：经虚络满者，尺热满，脉口寒涩也。此春夏死，秋冬生也。（王冰，2003）

b) 英文语篇：

Qi Bo replied, "This points to the skin of the chi position feeling warm with a full pulse, whereas the pulse at the cun position is choppy. When this occurs in the summer or spring, it is not advantageous; in fact, the patient may die. When it occurs in the autumn or winter, it will heal."（倪译，1995）

Qibo answered: "The deficient meridians and full collaterals <u>are characterized by</u> heat and full Chi pulse and cold and unsmooth Cun pulse, which indicates death in spring and summer and survival in autumn and winter."（杨译，2015）

该句今义为："岐伯说：所谓经虚络满，是指尺肤热而盛满，而寸口脉象迟而涩滞。这种现象，在春夏则死，在秋冬则生。"在这句话中，倪译采用归化的翻译策略，对于源语"春夏死，秋冬生也"采用两个时间状语从句，使译文逻辑清晰，补充了前后逻辑关系，而且本文采用增译的翻译技术，补充出 not advantageous 影响效果，可以使读者感受到各个症状的因果效应，译文整体流畅。倪译中的 felling 和杨译中 are characterized by 均能体现出原文中作者想体现的逻辑关系，但是杨译整句话采用合并法，与原文有相同的句法结构，属于直译的翻译方法。另外，杨译中的 are characterized by 体现了英语多被动、汉语多主动的特点，使译本更加圆通、得体。结构被动语态是英语中十分常见的语法现象，在翻译中医药典籍的过程中，要根据翻译中医药的相关内容，恰当地转换英汉之间的主动和被动的关系。作为海外华人的倪毛信精通中医、汉语和英语，具有语言优势，作为中国译者的杨明山采用直译翻译方法的频率较高。

6 结语

根据 MAT 的分析结果，威译、倪译和杨译在语域特征方面具有显性差异，分别被归类于"交互性劝说型""普通叙述说明型"和"科技说明文型"语域，这与作者的背景有关：威斯是外国译者，在翻译过程中采用归化的翻译策略较多；倪毛信为外国华人，精通中文和英文，因此语言上占优势；而杨明山为中国译者，在翻译过程中采用异化的翻译策略较多，且多为直译的翻译方法。

在语言特征的两两比较过程中，威译与倪译显著差异的语言特征为18个（约27%），威译与杨译显著差异为21个（约31%），倪译与杨译的显著差异为21个（约31%），通过对比语言特征有助于从微观的层面观察3个译本间的语域差异。中医药博大精深的中医药文化内涵是中华文明的重要组成部分，因此在"一带一路"倡议下，从《黄帝内经》翻译、语言推广和中医药文化外宣方面来看，推动对语域特征的研究对中医药文化的传播至关重要。

【参考文献】

[1] Abbas H., Mahmood M. A., Asghar S. A. Register variation in Pakistani written English: A new multidimensional analysis [J]. *Modern Journal of Language Teaching Methods*, 2018, 8(11): 721-738.

[2] Biber D. *Dimensions of Register Variation: A Cross-Linguistic Comparison* [M]. Cambridge: Cambridge University Press, 1995.

[3] Biber D. *Variation Across Speech and Writing* [M]. Cambridge: Cambridge University Press, 1988.

[4] Chang L. Y., Chen Y. C., Perfetti C. A. GraphCom: A multidimensional measure of graphic complexity applied to 131 written languages [J]. *Behavior Research Methods*, 2018, 50(1): 427-449.

[5] Halliday M. A. K. On the language of physical science [J]. *Registers of Written English: Situational Factors and Linguistic Features*, 1988: 162-178.

[6] Luo Xiwen. *Introductory Study of HUANGDI NEIJING* [M]. Beijing: China Press of Traditional Chinese Medicine, 2009.

[7] Li Zhaoguo（trans into English）, Liu Xiru（trans into Modern Chinese）. *Yellow Emperor's Canon of Medicine: Plain Conversation*[M]. Xi'an: World Publishing Corporation, 2005.

[8] Ni Maoshing. *The Yellow Emperor's Classic of Medicine: A New Translation of the Neijing Suwen with Commentary*[M]. Boston: Shambhala,1995.

[9] Nini A. Multidimensional analysis tagger[EB/OL]. Retrieved from http://sites. google.com/site/multidimensioral tagger,2015.

[10] Troia G. A, Shen M., Brandon D. L. Multidimensional levels of language writing measures in grades four to six[J]. *Written Communication*, 2019, 36(2): 231-266.

[11] Unschuld P. U（文树德）. *Huang Di Nei Jing Su Wen: Nature, Knowledge, Imagery in an Ancient Chinese Medical Text*[M]. Berkeley, Los Angeles, London: University of California Press, 2003.

[12] Veith, Ilza. *Huang Ti Nei Ching Su Wen: The Yellow Emperor's Classic of Internal Medicine*[M]. Baltimore: The Williams & Wilkins Company, 1949.

[13] Zenouzagh Z. M. Multidimensional analysis of efficacy of multimedia learning in development and sustained development of textuality in EFL writing performances[J]. *Education and Information Technologies*, 2018, 23(6): 2969-2989.

[14] Zhang M., Sun W. W., Peng H., et al. A multidimensional analysis of metadiscourse markers across spoken registers[J]. *Journal of Pragmatics*, 2017: 117, 106-118.

[15] 蔡娟，任荣政.《黄帝内经》中病名术语"癫"的英译探析［J］. 中国中医基础医学杂志，2021，27（11）：1806-1809+1820.

[16] 廖正刚，杨忠.《黄帝内经》中颜色词的认知解析［J］. 外语教学，2017，38（3）：29-34.

[17] 刘成，钟海桥，金玲圭等. 译介学视域下《黄帝内经》文化负载词英译探析［J］. 中华中医药杂志，2022，37（9）：5475-5479.

[18] 刘毅，魏俊彦，张春凤. 名词化隐喻在《黄帝内经》英译本中的语篇功能类型论［J］. 中国中医基础医学杂志，2020，26（2）：258-260+271.

[19] 马莳. 黄帝内经素问注证发微 [M]. 北京：人民卫生出版社，1998：110-111.

[20] 闵玲. 基于生态翻译学的"黄帝内经"英译标准商榷 [J]. 中国中医基础医学杂志，2020，26（8）：1167-1169.

[21] 潘玥宏，张淼. 目的论视阈下《黄帝内经》养生应用术语英译探析 [J]. 中国中医基础医学杂志，2019，25（6）：828-830+866.

[22] （唐）王冰（注）. 黄帝内经（京上文成堂撰摹宋刻本）[M]. 北京：中医古籍出版社，2003：4.

[23] 姚秋慧，陈战. 概念整合理论视阈下《黄帝内经·素问》隐喻英译对比研究 [J]. 时珍国医国药，2021，32（8）：1955-1957.

[24] 杨明山. 黄帝内经素问新译 [M]. 上海：复旦大学出版社，2015.

[25] 张景岳. 类经 [M]. 北京：人民卫生出版社，1957：242-243.

[26] 邹德芳. 中医药英语术语名词化翻译策略研究 [J]. 亚太传统医药，2018，14（4）：200-201.

A Multi-Dimensional Analysis of Register Features in *Huang Di Nei Jing's* Three English Translations

Xu Jun[1]   Wang Zhao[1]   Song Jiayin[2]

(1. China University of Political Science and Law, Beijing 100088;

2. University of International Business and Economics, Beijing 100029)

Abstract: Based on MDA multidimensional analysis model, this article makes a comparative study on the register features of Ilza Veith's English version, Maoshing Ni's English version and Yang Mingshan's English version. The research shows that:①The three translations are "Involved persuasion" "General narrative exposition" and "Scientific exposition" registers respectively; ②On the whole, there are significant differences in all dimensions except dimension 3; ③In terms of language features, there are about 27%, 31% and 31% significant differences between Weiben and Niben, Weiben and Yangben, Niben and Yangben respectively. The comparison of register features of different versions can effectively promote the study of English translation of TCM code and the study of translation language features of different translators, which is an innovation of Chinese cultural transmission.

Key Words: Multidimensional Analysis; Register Analysis; Linguistic Features; Huang Di Nei Jing

作者简介： 徐珺，中国政法大学教授、博士后合作导师。主要研究方向为翻译与跨文化传播、法律语言、商务英语、翻译技术与语言服务、外语教育。

王钊，中国政法大学法治文化专业博士研究生。研究方向为法治思维与法律语言、外语电化教学。

宋佳音，对外经济贸易大学讲师，研究方向：口笔译研究，商务英语。

基金项目： 本研究为 2021 年北京市社会科学规划基金项目"跨文化传播与中国话语的全球建构研究"（项目编号：21YYB005）的阶段性研究成果；本文系对外经济贸易大学"人类命运共同体视域下我国中医药话语体系与国家形象建构研究"（项目编号：20JX04）的研究成果。

文学翻译中文化负载词翻译策略与方法研究

辛衍君

（中国政法大学）

【摘　要】文学作品是社会文化的映射。在文学翻译实践中，源语中的文化负载词因其丰富的文化内涵和浓厚的民族色彩难以在目的语中找到直接对应的表达，因此研究如何准确翻译文化负载词，再现其中的文化信息，对了解异域文化、推动跨文化交流具有重要意义。本文从研究文化负载词与文化的关系出发，探索文化负载词翻译困难的主要成因，并在以往的相关研究基础上探索适合文学作品中文化负载词翻译的策略和方法，旨在提升翻译质量以及读者对异域文学和文化的兴趣，促进文学和文化的传播。

【关键词】文学翻译；文化负载词；翻译困难成因；翻译策略

1　引言

文学文体不同于实用文体、商贸文书文体以及专用科技等应用型文体，后者具有明确的目的和具体用途，而文学文体则以阐释文学文本的主题意义和美学价值为目的。文学文体表达方式多样，风格丰富。文学作品除了具有独特的艺术结构和功能，还是社会文化的映射，其语言和词汇表达灵活多样，大量使用各种修辞手法，并且许多词语包含着丰富的文化内涵和浓厚的民族色彩，作者往往借用它们来表达特定意义，或为烘托主要人物的某种特征，或为后面情节做铺垫，或为创造艺术冲突，产生矛盾，烘托戏剧效果，有时也用它们来体现不同情感色彩，有时用于强调，有时用于反讽或转折，使作品达到引人入胜的效果。文化因素深深蕴藏在各民族的语言中，美国语言学家萨丕尔（E. Sapir）说过："语言的背后是有东西的。而且语言不能离开文化而存在，所谓文化就是社会遗传下来的习惯和信仰的总和，由它可以决定我们的生活组织。"英国语言学家帕默（L. R. Palmer）也指出："语言的历史和文化的历史是相辅而行的，它们可以互相协助和启发。"由此可以看出，语言与文化关系密切。语言既是文化的一部分，又是文化的载体、文化的积淀、文化的映象，没有语言就没有文化。语言及其负载的文化信息向人们展示了该民族的历史和文化背景（徐珺，2001）。我国著名学者王佐良（1989）教授在谈到文化与翻译的关系时指出："翻译者必须是一个真正意义上的文化人""翻译工作者处理的是个别词，而他们面对的则是两大片文化"。译者在翻译文学作品中，经常会遇到某些特殊词汇，它们是特定文化环境的产物，在翻译时源语词汇所承载的文化信息在目的语中没有对等词，故而译者无法从字典中找到目的语中对应的词汇，这种词汇就是我们常说的"文化负载词"，也有人把它们叫作"文化内涵词""文化特色词"和"文化局限词。"胡文仲（1999）指出："文化负载词是特定文化范围内的词，是民族文化在语言词汇中直接和间接的反应。"鉴于此，译者在文学翻译实践中应该充分重视文学作品中文化负载词的翻译，准确地翻译文化负载词并再现它们所承载的文化信息，从而使目的语读者了解源语文化，进而推动跨文化交流和发展。

2 文化负载词与文化的关系

要翻译好文化负载词，译者首先要重视它们和文化的关系，意识到文化负载词是语言的一部分，它们受文化的影响和制约。产生和深植于一种文化的某些词汇和短语对本国读者来说不言而喻，而在另一种文化的读者看来却可能完全陌生，甚至难以理解。因此，译者深入了解两种语言的社会文化背景、传统、风土人情、价值观、历史地理、社会现状等至关重要。脱离了文化背景的翻译，就如同没有根基的大树难以立足。文学作品中文化负载词的翻译需要译者对原文和译文两种文化的深刻理解，需要处理好作者、作品、译者和读者四者的关系。译文意义是四者之间形成的网络关系的产物。在这一网络中，译者和读者是重要变量，这个变量的参与容易导致理解上的歧义，因此在翻译过程中译者应该充分考虑文化背景不同的因素，克服文化差异导致的理解障碍，准确翻译原文。

文化差异是指人们在不同的生态和自然环境下形成的语言、知识、信仰、人生观、价值观、思维方式、道德、风俗习惯等方面的不同。不同的民族在自己的生活环境下，创立了自己特有的文化体系，也被自己的文化所塑造。文化上的差异，尤其是东西方文化差异，导致了人们对同一事物或同一理性概念的不同理解和解释，有时甚至引起误解。在英汉翻译中，人们越来越注重文化移植的问题（于建平，2000）。在翻译实践中，词的翻译准确性至关重要，翻译中需要谨慎地选词用字，不仅要把握词的字面意思，还要了解其内涵意义和承载的文化信息。美国著名符号美学家苏珊·朗格（1983）提出将审美意象看作"情感符号"，"艺术品作为一个整体来说，就是情感的意象。对于这种意象，我们可以称之为艺术符号"。在朗格看来，审美意象来自由感知得来的表象，表象诉诸想象便成为"浸透着情感的表象"，即意象。在审美意象中，情感是形式化了的情感，形式是情感自身的形式，两者合二为一，无可分割。意象作为表现情感的形式，既是直接可感的，又具有幻象的性质。文学作品中的文化负载词不仅是语言符号，更是艺术符号。也就是说，文学作品不像其他文体的文本那样用语言直接表达，而是将语言符号转换为艺术符号，再通过艺术符号的组合来传达其中的意蕴。文化负载词在本质上具有双重符号系统，外层是语言符号，里层是艺术符号，是情感的意象，内涵十分丰富。因此，在翻译文化负载词的时候，译者应避免望文生义，需要追求"言外之意"和"象下之义"，尽力传达源语的意味和活力，争取做到"神""形"统一。

3 文化负载词翻译困难的主要成因

文化负载词翻译的难点离不开语言差异、思维方式和生活习惯等几个层面。语言从传达文学的功能来看具有表义性。词是语言最基本单位的意义单位。按索绪尔的符号学分析，词作为符号由表示声音的能指和表示意义的所指组成。如果把词比作一张纸，词义就是正面，发音就是反面。词义分为两种：一种是词的逻辑意义，它是对客观事物的概念的反映；另一种是词的情感意义，它是对客观事物带有情感色彩的主观评价。有些词只具有逻辑意义，如桌、椅；而有些词则既有逻辑意义又有情感意义，如宠物、泰斗。在符号学中，词的逻辑意义决定了词具有指代功能，它诉诸理性和理解；而词的情感意义决定了词具有符号的情感功能，它诉诸感觉和感情。因此，从符号学角度讲，词语符号化可以分为逻辑符号和情感符号。两者的不同和对立，形成了科学与艺术的不同。"科学意味着我们加与自然一种秩序；艺术意味着我们面对自然产生的情绪，因此美学符号是现实之意象。从该词语法意义上讲，我们可以说科学是及物的，而艺术是不及物的。我们用科学来说明世界，同时把世界限于我们的理智之内；我们用艺术来表现我们自己，同时把我们的心灵理解为自然秩序的反映"（皮埃尔·吉罗，1988）。

人类在语言沟通时大都使用普通的逻辑符号，词语所指称的对象是客观存在的外物，因此词语具有客观性，其所指意义明确而单一。文学作品中多使用情感符号，它是创作主体对外部世界的直接的感受，具有个性创造物的特点，是独特的、个别的、直觉的情感表现。情感符号是主客观结合的产物，它的所指是物的观念而非物本身，因此这种符号带有较强的主观性，具有丰富性与多义性的特点。这种普通逻辑符号与情感符号的不同在于，"描述一件事物，就等于把这件事归到某某类中……而表现却恰恰相反，表现是将这件事物个性化"（布洛克，1987）。个性化的情感表达来自作者的语言文化背景、思维方式以及生活习惯。译者在翻译这种个性化情感表达的情感符号（文化负载词）的时候，由于目的语的文化空缺和文化流失，不可避免地会遇到源语和目的语之间的文化不对等的问题，从而导致文化负载词的翻译困难和不可直译性。然而，文化和语言的关系密切，二者互相影响，两种不同文化的某些共性及译文读者的积极反应又为文化对等提供了可能性和可行性，这些词也就具备了翻译的可能性。

4　文化负载词翻译的相关研究

文化负载词翻译研究一直是学者们关注的热点之一，梳理起来有以下几种视角：第一，从功能语法语境理论视角来研究。如陈喜荣（1998）的《从功能语法语境理论看文化负载词的翻译》，笔者指出翻译学是一门跨学科的研究，它主要分为哲学思维系统、语言符号系统和社会文化系统三大部分，其中语言学的地位最为突出，它是翻译学得以解释、分析翻译过程的有力工具。第二，接受美学视角下的相关研究。如马萧（2000）的《文学翻译的接受美学观》，该文根据接受美学理论对文学翻译过程进行考察，从译者和译文读者的角度出发，分析了接受者对翻译活动的影响和作用，并讨论了翻译过程中语言和文化的接受性问题。同时，指出受传统文艺美学理论影响的传统译论忽视了译者和译文读者在翻译过程中的积极的、能动的参与和创造作用。第三，从关联理论研究文化负载词翻译。如刘一鸣（2009）的《从关联理论看文化负载词的翻译——〈丰乳肥臀〉英译本个案研究》，笔者从关联理论的角度出发，以莫言小说《丰乳肥臀》的译文为例进行探讨，对其译作中的文化负载词翻译及其评析有助于理解和解释译者为了达到最佳关联所做出的努力，实现语境的近似，从而将原文本的信息意图或交际意图准确传达给译文读者。第四，从交际翻译及语义翻译理论应用的角度研究文化负载词的翻译。如黄建凤、冯家佳（2010）的《纽马克翻译理论与汉语文化负载词的翻译》。第五，从生态翻译学视角来研究。如吴珍妮（2022）的《从生态翻译学视角看〈檀香刑〉中文化负载词的翻译》，该文以莫言的《檀香刑》为研究对象，从生态翻译学视角，探讨译者葛浩文如何采用的高度"归依"式的翻译策略，通过恰当的"选择"和"适应"，在语言维、文化维和交际维实现原文和译文的生态平衡。此外，不同时期的学者还从功能对等视角、目的论视角等方向对文化负载词的翻译进行了相关研究。

5　翻译策略和方法

关于文化负载词翻译，学者们尝试和总结了许多翻译技巧。其中包括意译法、音译法、直译法、增词法（直译加注）、转换替代法、异化法和归化法等，下面举例来说明。由于汉语的民族性和地方色彩很强，可以直译的较为有限。如果将文化负载词直译为英语，可以直译的一般是比较比喻性比较强的用法。例如，"及时雨"译为 timely rain；"走下坡路"译为 go downhill；"一窝蜂"译成 like a swarm of bees；"对台戏"译为 rival show；"趁热打铁"译为 striking while the iron is hot；"祸不单行"译为 misfortunes never come singly；"海枯石烂"译为 sea going dry and rocks melting；"情深似海"译为 love is as deep as the sea。再如，郁达夫《故都的秋》里的一句："古人所说的梧桐一叶而天下知秋的遥想，大约也就在这些深沉的地方。"这里的"一叶知秋"被翻译成 a single fallen leaves from the wutong tree is more than enough to inform the world of autumn presence. 这种充满中国韵味的表达，含蓄内敛，却给人以足够的想象空间，如留白之美的水墨画。这种大胆的直译手法使译文读者也能感受到故都秋天的美。但上述只是较为少有的情况，很多文化负载词不宜直译，而需要采取意译，尽量给读者留有思考空间，运用意犹未尽、回味无穷的含蓄手法。如"风凉话"不建议译为 cold words，建议译为 irresponsible and sarcastic remark；"扣帽子"不建议译为 put a cap on sb，而建议译为 put a label on sb；"寻短见"不建议翻译为 look for a short view，而建议译为 commit suicide 或 take one's own life；"敲竹杠"建议翻译为 overcharge，而非字面意义。有些文化负载词带有浓重的中国文化色彩，若按字面之意，会让国外读者感到十分费解。英文中的某些文化负载词译为中文也是同样的情况，如这句：Ha! ha! What a devil of a name! 这里 "devil" 不建议译成西方文化中的 "魔鬼" 或 "恶魔"，而是按照汉语的表达习惯，把它翻译成：哈哈，多 "怪" 的名字！有些文化概念是某个国家所特有的，比如 "毛笔"，无论把它翻译成 Chinese pen 还是 writing brush，都无法让外国读者产生与我们概念中毛笔对等的理解，这就是文化差异，因此译者在翻译过程中要灵活把握，既要尊重文化，又要尽可能将文化的差异性体现出来，而不要为了迁就目的语读者而放弃对文化概念的解释。再如 "元宵"，这些特有的文化负载词的翻译可以通过拼音加注释的方式来处理。

上述均为具体的方法，但是翻译文化负载词究竟依据什么来选择合适的翻译方法呢？这个问题是重中之重，是译者需要把握的基本原则。20 世纪下半叶，西方的翻译理论研究领域从 "语言学转向" 到 "文化转向"，即翻译研究从语言层面的对等，转而将翻译研究放置到文化这个宏观的大背景下去审视（谢天振，2009）。在文化翻译理论的代表 Bassnett（2004）看来，翻译不是在真空中产生的，翻译是文化和文本之间的交流过程，翻译的对象是镶嵌在源语文化和目的语文化语境中的文本。她认为译者在翻译过程中应注重源语和目的语在文化功能上的对等，其文化翻译理讨论了一系列例如语言与文化、等值问题、翻译单位、翻译标准等问题。如 "猫" 在中国人眼中是可爱的象征，用 "馋猫" 比喻人贪嘴；而在西方文化中 cat "猫" 被用来比喻 "包藏祸心的女人"。因此，翻译凝聚着民族文化特征的文化负载词时需要查阅文化背景知识，通过对比对照，根据上下文，仔细斟酌，灵活运用翻译技巧，注重文化内涵，准确翻译。

6 结语

根据上述分析，笔者认为做好文化负载词的翻译，首先需要译者具有文化意识与扎实的国内外民族文学和文化功底，只有对母语有清晰、透彻的了解，才可能克服外语思维对母语的负迁移作用，正确地进行文化双向交流的对等翻译活动。其次，要加强对外国语言文化的认识。在掌握外语知识的基础上，增强对其深层次文化因素的了解，提高文化敏感性，培养其跨文化交际的能力，多渠道加强文化背景知识，更好地了解中西两种文化的差异，避免产生误解，从而翻译准确。

语言是文化的重要载体，熟悉和掌握外语国家的文化背景知识，有助于对语言的理解，了解语言的丰富性、深厚的文化底蕴，了解异域国家人们的风俗习惯。美国著名翻译理论家 Eugene A. Nida（2004）指出："所谓翻译，是指从语义到文体在译语中用最切近而最自然的对等语再现原文的信息。"这里所说的最切近而又最自然的对等语在很大程度上要受到文化因素的制约。鉴于文化负载词与文化的密切关系，译者在翻译过程中不但要灵活运用翻译技巧，还要考虑文化内涵，增强跨文化交际意识，只有这样才能从根本上提高翻译的准确性，促进文化交流和互鉴。

【参考文献】

[1] Bassnett, S. *Translation Studies*[M]. Shanghai: Shanghai Foreign Language Education Press, 2004.

[2] Eugene A. Nida. *Toward a Science of Translating*[M]. Shanghai: Shanghai Foreign Language Education Press, 2004.

[3] 布洛克. 美学新释［M］. 沈阳：辽宁人民出版社，1987：171.

[4] 陈喜荣. 从功能语法语境理论看文化负载词的翻译［J］. 四川外语学院学报，1998（1）：96-100.

[5] 胡文仲. 跨文化交际学概论［M］. 北京：外语教学与研究出版社，1999.

[6] 黄建凤，冯家佳. 纽马克翻译理论与汉语文化负载词的翻译［J］. 东南亚纵横，2010（7）：109-111.

[7] 刘一鸣. 从关联理论看文化负载词的翻译——《丰乳肥臀》英译本个案研究［J］. 陕西师范大学学报（哲学社会科学版），2009，38（51）：342-

344.

[8] 马萧. 文学翻译的接受美学观 [J]. 中国翻译，2000（2）：47-51.

[9] 皮埃尔·吉罗. 符号学概论 [M]. 怀宇译. 成都：四川人民出版社，1988：83-84.

[10] 苏珊·朗格. 艺术问题 [M]. 北京：中国社会科学出版社，1983：129.

[11] 王佐良. 翻译：思考与试笔 [M]. 北京：外语教学与研究出版社，1989：18-19.

[12] 吴珍妮. 从生态翻译学视角看《檀香刑》中文化负载词的翻译 [J]. 英语广场，2022（33）：27-30.

[13] 谢天振. 中西翻译简史 [M]. 北京：外语教学与研究出版社，2009.

[14] 徐珺. 文化内涵词——翻译中信息传递的障碍及其对策 [J]. 解放军外国语学院学报，2001（2）：77-81.

[15] 于建平. 文化差异对英汉翻译中词义和语义理解的影响 [J]. 中国翻译，2000（3）：28-30.

A Study of the Strategies and Methods for Translating Culture-loaded Words in Literary Translation

Xin Panjun

(China University of Political Science and Law, Beijing 100088)

Abstract: Literary works are the mapping of society and culture. In the practice of literary translation, culture-loaded words in the source language are difficult to find direct counterparts in the target language because of their rich cultural connotation and strong national color. Therefore, it is of great importance to study how to translate culture-loaded words accurately and reproduce the cultural information, which would promote the understanding of foreign cultures and cross-cultural communication. Starting from the study of the relationship between culture-loaded words and culture, this paper tries to find out the main causes of the difficulty of translating culture-loaded words, and explores the strategies and methods suitable for the translation of culture-loaded words in literary works on the basis of previous relevant studies, aiming to improve the translation quality as well as readers' interest in foreign literature and culture, and promote the dissemination of literature and culture.

Key Words: Literary Translation; Culture-loaded Words; Causes of Translation Difficulties; Translation Strategies

作者简介： 辛衍君，中国政法大学教授，博士，主要研究方向：翻译。

基金项目： 本文系项目"法官庭审话语的修辞能力研究"（项目编号：22BYY074）的阶段性成果。

传播学视域下网络纪录片译者主体性
研究：《出发吧！去中国》

李稳敏　　李婷婷

（陕西科技大学）

【摘　要】以富含中国文化元素的网络纪录片《出发吧！去中国》为例，
　　　　　从传播学的视域研究网络纪录片中译者主体性的发挥，旨在
　　　　　激发文化纪录片译者的文化传播使命感。研究表明，在翻译
　　　　　环节，译者主体性的正向发挥对于双语纪录片的呈现质量及
　　　　　文化传播效果具有积极的促进作用。

【关键词】翻译传播；网络纪录片；译者主体性

　　文化是一个民族的脊梁骨，增强文化自信和提高文化输出相辅相成，是新时代国家发展的必然要求。在跨文化传播的过程中，翻译是必不可少的环节。如今，大数据时代越发丰富了文化传播的途径，如由于网络视频快速发展，人们也更趋于选择快速获取知识的途径，因此网络纪录片逐渐成为传播文化的最佳媒介之一。近年来，富含中国文化元素的网络纪录片层出不穷、形式多样，从不同视角极大地展示了中国优秀传统文化。研究网络纪录片翻译不仅有助于增强中华民族的文化自信，还有助于中华文化对外传播，推动文化输出并扩大传播途径。

1 文献综述

国外学者从传播学视域研究翻译，强调在翻译研究中不能忽略其传播性质。（Wolfman Wilss，2001[1]；Eugene Nida，2004[2]）吕俊和廖七一是最先从传播学角度研究翻译的国内学者。吕俊（1997）[3]认为"翻译学是传播学的一个有一定特殊性质的领域"；廖七一（1997）[4]则将信息论与翻译研究相结合，从新的角度探讨翻译效果。

图 1-1 为利用 CiteSpace 5.8.3 软件分析而成的关键词突变图，其显示出不同时间段内"翻译传播"领域的研究热点。Keywords 为突变关键词，Strength 为某突变词在该领域特定时间内的影响强度，Begin 为突变词开始爆发的年份，End 为突变词爆发结束的年份。分析数据源于中国知网上以"翻译传播"为主题词的核心期刊与 CSSCI 论文，截至 2022年 5 月，共 459 篇。

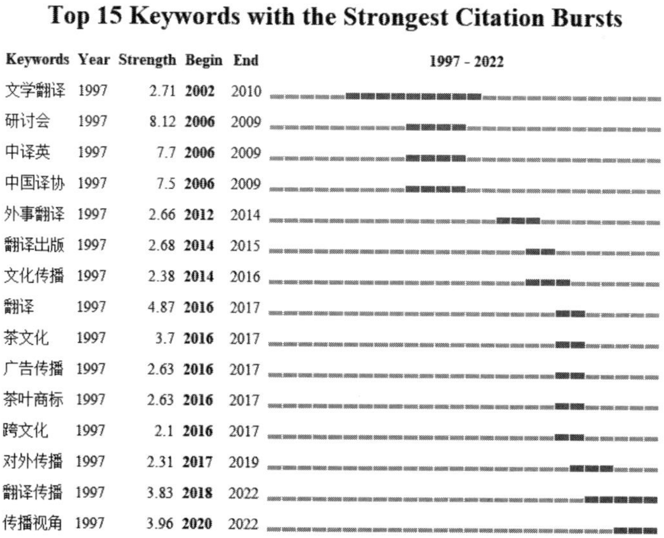

Top 15 Keywords with the Strongest Citation Bursts

Keywords	Year	Strength	Begin	End	1997 - 2022
文学翻译	1997	2.71	2002	2010	
研讨会	1997	8.12	2006	2009	
中译英	1997	7.7	2006	2009	
中国译协	1997	7.5	2006	2009	
外事翻译	1997	2.66	2012	2014	
翻译出版	1997	2.68	2014	2015	
文化传播	1997	2.38	2014	2016	
翻译	1997	4.87	2016	2017	
茶文化	1997	3.7	2016	2017	
广告传播	1997	2.63	2016	2017	
茶叶商标	1997	2.63	2016	2017	
跨文化	1997	2.1	2016	2017	
对外传播	1997	2.31	2017	2019	
翻译传播	1997	3.83	2018	2022	
传播视角	1997	3.96	2020	2022	

图 1-1 CiteSpace "翻译传播" 相关论文关键词突变图

Figure 1-1 Mutation Diagram of Keywords with the Strongest Citation Bursts

根据图 2-1，与"翻译传播"相关的研究热点一直处在动态变化过程中。20 世纪 90 年代至今，国内将传播学应用于翻译领域的研究内容广泛，王一多（2021）[5] 以冯唐版《飞鸟集》为例研究传播学视域下的网络翻译批评模式；余承法、万光荣（2021）[6] 针对翻译传播四个阶段建构湖湘文化"走出去"的策略体系；还有学者结合前人研究试图构建翻译传播学基本理论框架（谢轲、廖雪汝，2016[7]；叶会、马萧，2016[8]）。与翻译传播学相关的研究范围不断扩大，内容逐渐深入，完整理论体系构建指日可待。近年来，"翻译传播"和"传播视角"开始爆发成为研究热点，是未来的研究趋势。尹飞舟、王佳娣（2021）[9] 用翻译传播的四种模式揭示了翻译传播的本质和内涵，为翻译传播的历时和共时研究提供了理论基础。

但"译者主体性"未成为"翻译传播"领域某一时期的研究热点，且知网上相关论文数量相对较少，研究对象多为外宣文本翻译（黄雪梅、梁庆福，2017）[10] 和文学翻译（牟佳、周桂君，2019）[11]。在影视字幕翻译研究中涉及的传播媒介主要是电影和电视剧（刘晓辉、张亮，2017[12]；廖雪汝、赵妍，2020[13]），鲜有文章以纪录片字幕翻译为研究对象，结合翻译传播视角进一步研究译者主体性的发挥。因此，本文以中国文化纪录片《出发吧！去中国》的字幕翻译为例，通过案例分析研究译者在翻译过程中如何在遵从翻译传播原则的前提下充分发挥其主体性。

2　翻译传播中的译者主体性

尹飞舟和余承法（2020）[14] 通过哈罗德·拉斯韦尔的"5W"传播模式[15]（图 2-1）初步构建了翻译传播的"6W"模式（图 2-2），认为"翻译传播是异语场景中人类借助翻译实现的信息传递，是有符际转换（主要是语际转换）的传播"。

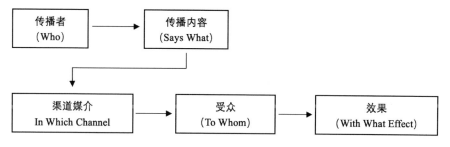

图 2-1　拉斯韦尔的"5W"传播模式

Figure 2-1　Lasswell's "5W" Communication Mode

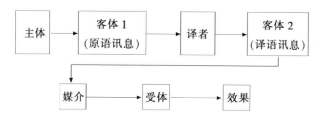

图 2-2　翻译传播的"6W"模式（尹飞舟、余承法，2020）

Figure 2-2　"6W" Mode of Translation and Communication (Yin Feizhou, Yu Chengfa, 2020)

翻译传播的"6W"模式在"5W"传播模式上新增了"译者"，即 Who Translates，并把传播者概念转化为"主体"，将传播内容划分为客体 1 和客体 2，呈现出原文到译文的转化关系。"6W"模式图使用单向矢量关系，旨在展示翻译传播的基本过程。事实上，翻译传播过程中的各部分互相影响，整个过程是循环的和动态的，是一个不断优化的过程，译者主体性的发挥给整个过程注入了活力。因此，作者在"6W"模式的基础上，制作了图 2-3，凸显了译者主体性，实线箭头不但表示相互影响还表示各个要素之间的发生顺序，虚线双向箭头则表示两个不连续要素间也相互影响、关系密切。

翻译传播有四个环节，分别为发起、翻译、传输和接收。翻译环节是从客体 1 到客体 2 的语际转换过程，其主体为译者。在真实的翻译活动中，客体 2 是由初始文本译者和文本审校员共同合作完成的，因此所谓译者，这里包含译员和译审。在影视字幕翻译中，译者通常为字幕组。

在异语文化对外传播过程中，译者具有双重身份，即原语讯息的接收者和译文作者。译者在充分理解和吸收原语讯息后，进行适当的变通，需使用合适的翻译方法提供最优译文，即译语讯息。郑蕴蓉（2018）[16]结合邵培仁的传播六原则提出，要实现有效传播，必须遵循六个传播原则：可信性原则、针对性原则、有序性原则、适时性原则、适量性原则和协同性原则。事实上，译者只有充分发挥其主体性，才能真正在翻译中做到遵循以上原则。所以在翻译传播过程中，译者应充分发挥其主体性，根据目标受众及语境采用相应的翻译方法来完成讯息的语言及语义转换，而译语质量也关乎读者对译者的评价。传播主体会通过传播效果反馈与译者协商对客体的整体传播过程进行优化，以此循环往复，以达到最大化的传播效果。

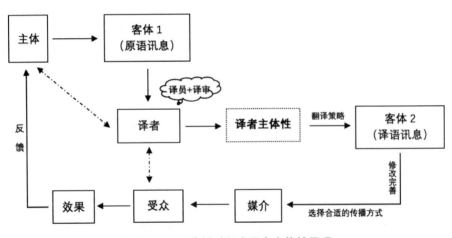

图 2-3　翻译传播过程中译者主体性显现

Figure 2-3　A Schematic Diagram of the Translator's Subjectivity in the Process of Translation Communication

3　纪录片《出发吧！去中国》的特点

《出发吧！去中国》由中国日报出品，以丝绸之路为主线，拍摄美籍主持人凯文·库克的中国文化之旅。该纪录片从西方受众视角呈现中国传统文化的传承和发展，加之现代文化产业的创新与活力，字幕文字及有声语言兼有中英两种语言，字幕翻译大部分为英译中，共计 6 集，片长约 15 分钟一集，涉及北京、西安、延安、成都、景德镇等地，聚焦瓷器、汉字书法和造纸技艺、中医中药、丝绸和服装设计、动漫游戏及红色旅游六个主题，极具中国文化特点。

作为一种新型的文化传播方式，纪录片既有旁白描述类，也有旁白加对话类，本文所选纪录片《出发吧！去中国》为对话居多，加之少量描述性旁白。纪录片字幕呈现具有瞬间性的特点，直白的对话较多，字幕变换时间不一（一般停留时间较短），因此呈现在屏幕上的单行字幕容量需为受众在规定的时间内易于阅读和理解的长度。

4 译者主体性在纪录片《出发吧！去中国》翻译传播中的体现

本文案例选自第一集《有温度的瓷器》、第三集《神奇的中草药》和第四集《把莫高窟穿在身上》。该纪录片的译者在基本尊重可信性原则的前提下，以达到最大化的传播效果为目的进行了翻译活动。具体表现为：以遵循传播六原则为基础，运用不同的表达方式进行翻译，产出更符合目标语表达的译文，使其更易于目标受众理解，同时尽可能提高该纪录片的观赏效果及其内容的传播效果，充分体现了译者的主体性。但也有些不太恰当的地方，翻译有待商榷，在某种程度上制约了该纪录片的传播效果。

4.1 译者主体性在翻译传播环节的促进作用

4.1.1 抽象概念具体化表达

由于中式思维和英式思维分别趋于具象化和抽象化，英文中常使用抽象名词来表达真实概念，而中文惯于使用具象化表达，因此英译汉时，常需化虚为实，将原文中的抽象成分用具体的成分表达出来，以此化解由于语言差别带来的理解差异，尽可能使译文产生与原文同样的阅读效果。

例 1 Episode 1 10:54（E-C）：

原文：Generations of ceramics artists **have built their world of innovation**

译文：一代又一代陶瓷人　创造出风格各异的作品

本句为外籍主持人凯文做的总结词。原文"have built their world of innovation"若直译为"已建造出他们的创新世界"则缺乏活力，也很抽象。译者将原英文抽象而笼统的概念**"their world of innovation"**具体化为"风格各异的作品"，突出具体而形象的中文表达特点，"作品"一词的选择既充分体现了陶瓷人的成就，也根据上下文及纪录片语境具体表达出了原文的真实含义：陶瓷人风格各异，因此其创造出的瓷器作品也各赋特色。此外，纪录片时间轴设置较短，所以一句话的语义须在单行字幕内清晰呈现或对中英双语进行断句分行处理。本例用平实而具体的表达让受众在短时间内无须做更多的思考便知其意，这一处理有效遵循了传播原则中的针对性原则：译者以文化传播为翻译目的时，需根据媒介类型和对应受众的接受能力来斟酌译文，须具备强烈的语境意识和受众意识。本例为英译汉，瓷器作为中国的文化名片之一，一直是中国人民引以为傲的瑰宝，这样的译文无形中也增强了目标受众的民族自豪感和文化自信。

4.1.2　背景知识显性化表达

在翻译的过程中，译者常需根据上下文语境，增加原文没有但言外蕴含的内容，旨在显性化表达特定语境下蕴藏的内容，以达到特定的翻译目的。

例 2 Episode 1 12:04（E-C）：

原文：Blue represents spring and white represents autumn
译文：蓝色代表春天　白色代表秋天　**蓝白交替象征着春播秋收**

本例为英译汉，原文为两个简单句用"**and**"并列，而译文增至三个小句，前两句直译为汉语后增译了第三句，将纪录片中受众视觉所触及的瓷具色彩的象征意义显化于译语文字之中，增强了目标受众的文化体验感。本例前句为"In the culture of northern China, blue and white are an interpretation of natural growth."，此处译文随之增补"蓝白交替象征着传播秋收"，挖掘色彩与自然及人类生活之间的关系，强化"自然生长"的概念，增添相应的文化背景知识，符合传播的可信性原则和针对性原则。虽然译文字数增加，看似违背了传播的适量性原则，但由于此时时间轴设置较长，依然符合适量性原则，此处的文化背景显性化表达，扩大了知识输出量，同时春播秋收的画面感扑面而来，这样积极求变的方式充分体现了译者的主体性，传播效果也明显增强。

例 3 Episode 4 08:06（C-E）：

原文：**我们**几千年的传统服饰文化非常的灿烂非常的华丽

译文：The traditional **Chinese** clothing culture in past thousand years was brilliant and gorgeous

原文：让他们**了解我们的**传统服饰是什么

译文：Promoting the traditional **Chinese** clothing culture

本例原文为连续的两句话，分为五个字条，省略号部分省去了中间的三个字条，该部分体现中国设计师们正在努力让更多的人了解灿烂的中国传统服饰文化。译者将句中的"我们"译为"Chinese"，显化了此处传统文化服饰的地理所属和说话人的民族身份所属，隐含和弱化了"我者""他者"的对立关系，观照和尊重受众的身份差异，更有助于受众理解信息，同时放大格局，传递了中国设计师们希望中国传统服饰走向全世界的美好愿景。在传播的过程中，受众对信息的吸收不是一蹴而就的，而是潜移默化的，重要的信息应适当被多次提及或完整表述，这有利于增强受众印象，最终实现文化输出的目的。同时，文化背景显性化表达是译者有意识地站在受众的角度，遵循针对性原则的前提下进行的翻译处理行为，显示出翻译传播过程中译者主体性的发挥。

4.1.3　形美意通的诗学表达

英文重形合，有固定的句型；而汉语重意合，句型句式丰富多样。中文还具有整齐、回环、抑扬等形式特点，所以在英译汉时，应充分考虑到英汉语言的差异，展现汉语的柔性与形式美，善于运用形美意通的诗学表达，不拘泥于原英文的结构，灵活使用各种修辞手法或表现手段。

例 4 Episode 1 13:59（E-C）：

原文：The charm of blue-and-white does not stop at **being a porcelain pattern**

译文：青花的魅力不仅在于**瓷器之美**

原文：**It is also a bond** which brings the cultural exchange in the world closer

译文：**它也像一条纽带**　促进了世界文化交流

原文：Porcelain is a Chinese **creation spread** to the rest of the world

译文：瓷器**发明**于中国　**传播**到世界

原文：It has been **taken to** foreign cultures and **brought back to** China

译文：**远游**他方以后　又被**带**回中国

第一句中的 Pattern 原意为"图案或款型"，译者根据上下文将其译为"美"，采用中文常用的四字格表达，从内容到形式都发生了变化，旨在彰显青花无限的魅力。第二句原文与译文均运用比喻的修辞手法，英文为暗喻，译者将其转换为汉语的明喻，将青花的世界文化交流意义生动地表达出来。第三句英文使用了静态动词"is"，且有过去分词短语做后置定语表达复杂关系的简单句，而汉语使用了实义动词"发明"和"传播"，并译为联动结构的句子，形成对仗，表示并列关系，不仅更加符合汉语表达习惯，而且意义表达更加具有节奏感、神韵感和民族归属感。第四句由无灵主语句变为无主句，由被动语态变换为主动语态，同时译者采用拟人的修辞手法，选择"远游"二字表达顿感鲜活生动，赋予"it"（瓷器）以生命，这也是英语刚性到汉语柔性的显著转换。第三、第四句汉译充分体现了形散而神不散的结构特点，其语义也因译者选择了四个联动结构而形成了亲密关联，增强句子的气势和节奏感，不经意间，目标受众心底一股民族自豪感油然而生。这几句汉译句式整齐、简练优美、巧用修辞，体现了形美意通的诗学表达，同时文字容量与说话者语速相辅相成，符合传播的针对性和适量性原则，译者主体性再次起到了促进作用。

4.1.4　语境化的创造性表达

在翻译过程中，面对特定语境，译者应不落窠臼，不受原文字面意思限制，采用创造性表达来进行翻译活动，以使得译文与原文在表达效果上或功能上对等。采用创造性表达应适应不同文化，结合语境，斟酌最契合的译文。在纪录片翻译中，有时也可以先将杂乱的原话处理为条理更清晰的文本，整合原文意思，先编后译，发挥一定的创造性。

例 5 Episode 1 03:37（C-E）：

> 原文（K）：Actually, my girlfriend is interested in Chinese culture
> 译文：其实我女朋友对中国文化很感兴趣
> 原文（F）：很感兴趣
> 译文：**Wow, so glad**

"很感兴趣"是丝绸艺术中心总设计师范女士（F）聆听凯文（K）的话语后对其言语做出的附和反应，虽然她没有用言语直接表达出很高兴凯文的女朋友喜欢中国文化的意思，但从其神态、语调及身体语言等多模态构成的语境中可以反映出其内心的喜悦。本例第一句为第二句的语境背景，译者将用于附和的答句"很感兴趣"，极具创造性地译为"Wow, so glad"，译文内容与原文的字面内容大不相同，"Wow"感叹词的选择为受众营造了回应过程中情绪表达的神态、声音、语调、身体语言等多模态语境。译文精练、生动、饱含感情，符合英语母语受众交流语境，把握住了原文想要表达的情感功能，充分体现了译者的创造性与主体性。最后从翻译传播的角度来看，丝绸是中国的特产，受到全世界人民的喜爱，这样的译语也可以让全世界人民感受到我们"不亦乐乎"的待客之道。

例6 Episode 1 07:06（C-E）：

原文：釉富有光泽

译文：It's very shiny. **Once the porcelain has been glazed**

原文：上在瓷器表面显得光泽亮丽

译文：**the surface of the porcelain will become very shiny and beautiful**

此场景为制陶师傅在教凯文制作瓷器。在上釉的过程中，师傅给凯文强调釉的作用。字幕上呈现的中文原文并非师傅原话的逐字稿。原话语为："釉就是很光泽""瓷器上很光泽亮丽"。这是两句散话，没有连接性，且逻辑性较弱，虽然记录篇中的语境为其做了意义上的自然弥补，但由于这是一部具有一定专业知识的纪录片，具有一定的学术性，字幕行文应符合一定的规范性行文特征，因此译者采用了语境化的创造性表达，在忠实于原文内容的基础上，适当修改说话人的口头话语，使其表达更具规范性，先加工原文后译。经修改后的原文变为三个小短句，"釉富有光泽""上在瓷器表面""显得光泽亮丽"，瞬间有了连贯性，将师傅话语中的逻辑表达得很清楚，十分有序，体现了译者在遵循有序性原则下发挥了主观能动性。然而字幕呈现过程中，第二句"上在瓷器表面"的英译前半部分"Once the porcelain has been glazed"被置放到第一句译文之后，这样的切割置放，不但会造成受众在有限时间内的阅读障碍，也会影响受众的审美观感。建议字幕修改如下：

釉富有光泽

It's very shiny.

上在瓷器表面

Once the porcelain has been glazed,

显得光泽靓丽

the surface of the porcelain will become very shiny and beautiful.

4.2 影响译者主体性发挥的因素

字幕翻译过程中，译者主体性的发挥也会因某些主客观因素受到一定的限制，从而影响影视剧的国际传播效果，如译者语境意识薄弱、原语文化失语和译文核心信息错位等。因此，译者在翻译完成后应与多方协商，遵循传播的协同性，进行严谨的审校。

4.2.1 语境意识薄弱

例 7 Episode 3 10:05（C-E）：

原文：上锅了哈

译文：It's time to drop the food into the pot

纪录片中大部分为口语对白，语言具有通俗化的特点，且影视字幕具有瞬间性和语境强依赖性，因此在翻译的时候，译者应结合语境充分发挥其主观能动性。本句为服务员把盛有汤底的火锅端到桌上时说的，原文生动简洁，充满活力，译文以平实的语序表达了具体意义，虽有过长且不够简练的语言表达问题，但主要问题在于未恰如其分地传达出该句在对应语境中的情感意义。如何能做到既清楚表达信息语义，又能适时传递语境中的情感意义是翻译该句的关键所在。建议译文为：The hot pot, please! Enjoy it now。这里 hot pot 一语双关，既表达了热锅、小心烫伤的基本含义，也表达了火锅已备好，好好享用的好客之礼。热情与关心之意溢于言表，节奏与韵律藏于受众阅读体验中，可充分体现译者较强的语境意识与译者主体性。

4.2.2 原语文化失语

例 8 Episode 4 05:30（C-E）：

原文：这块上面有九色鹿有飞天

译文：Both Nine-color Deer and **Flying Apsaras** printed on this piece

原文：全部都是我们敦煌的代表作

译文：Are masterpieces of Dunhuang

纪录片中的"飞天"指的是"敦煌飞天"，该物共计出现过 6 次，其中译文 Flying Apsaras 出现过 1 次（例 8）；Flying Figures 出现过 4 次，均在英文原话中出现；在英文原话字幕 Feitian 后用括号备注 Flying Figures 出现过 1 次。敦煌飞天是由印度文化、西域文化、中原文化三者共同孕育成的专有名词。而 Apsaras 在西方表达中是居于山泉中的美丽水鬼，与现在中国佛教中的"飞天"（敦煌壁画）并不对等。这样"飞天"的翻译失去了中国文化元素的特点，无法起到传播中华优秀文化的作用。导游用英文给凯文介绍敦煌石窟时说道："so, actually we call Fei Tian the Flying Figure。"鉴于作为导游的民族身份，建议"飞天"采用拼音译法，直译为 Feitian，或均译为 Flying Figures，因为同一纪录片中出现的同一元素译文应保持一致。第一次出现时也可以用拼音加注释的方法，如 Feitian（Flying Figures）。这样既可以帮助目标语受众轻松理解"飞天"的含义，也可以加深目标语受众对"飞天"这一中国特色文化元素的印象，最终实现有效传播中国文化的目的。

4.2.3 核心信息错位

例 9 Episode 11:26（C-E）：

原文：今天讲的题目是千年之约

译文：We begin talking about **Millennium Appointment** as the

topic today

原文：新丝路上的东方色彩

译文：The Oriental Colors of the New Silk Road

本例为中国十佳服装设计师楚艳女士的讲座开场词。该讲座的完整题目为"千年之约——新丝路上的东方色彩"，但在字幕设计的过程中，译者因长度考量将其随意拆分，翻译时更是分为两部分进行直译，此举造成核心信息错位，且第二句译文单独成句，与前后毫无关联，不知所云，违背英文形合的特点。事实上，第二句"新丝路上的东方色彩"才是原中文标题的核心，亦是该讲座的核心话题。因此，若仍按原译文的结构进行翻译，需译为"We begin talking about the Oriental Colors of the New Silk Road as the topic today"以凸现核心信息。但此种译法拘泥于原文，不符合日常英语表达。中文标题常用破折号，英文标题则常用冒号，冒号后的内容为核心信息，因而汉译英时，破折号较常用冒号来代替。结合纪录片字幕翻译的字数限制以及核心信息突出原则，建议仍将此句分作两行翻译。将原文的讲座题目合并成一行，用破折号连接"千年之约"与"新丝路上的东方色彩"，保持标题的完整性；在译文中使用冒号将二者连接，既简洁表意，符合英文表达特点，又遵循传播的适量性原则。

建议译文：

今天讲的题目是

Today's topic is

千年之约——新丝路上的东方色彩

Millennium Appointment: Oriental Colors of the New Silk Road

5 结语

纪录片是文化传播的有效途径，其字幕翻译质量和呈现方式会紧密关联受众期待及接受效果。译者作为翻译环节的主体，应深刻认识到翻译传播的重要意义，在对客体的接收与再生环节中应谨循传播原则，不拘泥于原文，充分考虑纪录片字幕的时空限制、不同文化语境的影响和受众的认知习惯等因素，使用恰当的表达进行翻译。此外，还应重视与传播主体（如制片方）的协商、对传播媒介的调试和与受众的交流，以最优方式发挥其主体性的正向作用。译者应兼顾各语种原文和译文的质量，注重加强文化自信和推动文化输出并举。希望字幕翻译实践中的译者都能在遵循传播原则的前提下，充分发挥其主体性，超越能力和认知的局限性，呈现更加高效和高质量的纪录片字幕翻译，提高文化纪录片的传播效果，完成翻译传播使命。

【参考文献】

[1] Wilss, W. *The Science of Translation: Problems and Methods*[M]. Shanghai: Shanghai Foreign Language Education Press, 2001.

[2] Eugene A. Nida. *Toward a Science of Translating*[M]. Shanghai: Shanghai Foreign Language Education Press, 2004:30.

[3] 吕俊. 翻译学——传播学的一个特殊领域 [J]. 外国语，1997（2）：40-45.

[4] 廖七一. 翻译与信息理论 [J]. 四川外语学院学报，1997（3）：83-87.

[5] 王一多. 传播学视角下网络翻译批评模式研究 [J]. 上海翻译，2021（1）：7-12.

[6] 余承法，万光荣. 翻译传播学视域下湖湘文化"走出去"策略体系建构 [J]. 湘潭大学学报（哲学社会科学版），2021，45（1）：180-185.

[7] 谢柯，廖雪汝. "翻译传播学"的名与实 [J]. 上海翻译，2016（1）：14-18.

[8] 叶会，马萧. 中国文化外译的翻译传播学模式 [J]. 湖北社会科学，2020（2）：162-168.

[9] 尹飞舟，王佳娣. 中华文化走出去的理论新视角：翻译传播过程的四种模式 [J]. 求索，2021（2）：44-50.

[10] 黄雪梅，梁庆福. 民俗外宣英译者身份的动态重叠 [J]. 西南交通大学学报（社会科学版），2017，18（6）：39-44.

[11] 牟佳，周桂君. 传播学视阈下纪实文学翻译中译者的历史认知研究 [J]. 外语学刊，2019（6）：108-112.

[12] 刘晓辉，张亮. 影视剧字幕翻译及跨文化传播——以美版《甄嬛传》为例 [J]. 出版广角，2017（6）：64-66.

[13] 廖雪汝，赵妍. 翻译传播学视阈下的电影字幕翻译研究及启示——以电影《绿皮书》为例 [J]. 四川戏剧，2020（5）：82-85.

[14] 尹飞舟，余承法. 翻译传播学论纲 [J]. 湘潭大学学报（哲学社会科学版），2020，44（5）：170-176.

[15] 哈罗德·拉斯韦尔. 社会传播的结构与功能 [M]. 北京：中国传媒大学出版社，2013.

[16] 郑蕴蓉. 传播学视角下华语电影的外译策略 [J]. 天津职业技术师范大学学报，2018，28（3）：75-78.

A Study on the Subjectivity of Online Documentary Translators from the Perspective of Communication: *Let's go to China*

Li Wenmin   Li Tingting

(Shaanxi University of Science and Technology, Xi'an 710021)

Abstract: Taking the online documentary *Let's go to China*, which is rich in Chinese cultural elements, as an example, this paper studies the exertion of the translator's subjectivity in the online documentary from the perspective of communication, in order to stimulate the translator's sense of cultural communication mission. The research shows that in the process of translation, the positive play of the translator's subjectivity is of great significance in promoting the presentation quality and cultural communication effect of bilingual documentaries.

Key Words: Translation and Communication; Online Documentary; Translator's Subjectivity

作者简介： 李稳敏（1966—），教授，研究方向：外语教学与语言服务。

李婷婷（1996—），在读硕士研究生，研究方向：语言服务研究。

译"意"与译"义"：学术文献翻译策略及学科话语体系建构

——以跨媒介互文性文本研究的翻译为例

芈 岚

（北京第二外国语学院）

【摘　要】影视研究领域中的跨媒介互文性文本因其包含文本的多样性以及文本之间的关联性而成为重要的学术研究对象。本文提出，由于国内相关研究仍处于起步阶段，该类文献的译介在缺少学科话语体系关照情况下，首先应该力求源文概念意思的传递与表达，同时使用与该学科集体话语的特质相符的方式予以呈现，实现译文在人际意义层面的功能对等，以帮助建构译者的学术共同体身份以及学科的话语体系。

【关键词】跨媒介互文性文本；概念意义；人际意义；翻译

1　引言

　　近年来，随着诸如《复仇者联盟》等由动漫改编而成的真人出演电影在全球范围掀起的收视狂潮，引发了连带产业的兴盛以及相关商品热销，这一跨媒介互文性（transmedia intertextuality）文本继而成为国外影视研究学界的关注对象。其所牵涉的文本，既包括以漫画、小说、剧本为主的文学文本，也包括动漫、网游、电影、电视、短片、花絮、播客以及相关联商品在内的非文学文本。对于跨媒介互文性的研究，则是将最初以漫画、小说、动漫甚至网络游戏等形式出现在流行文化领域的源文本，同被改编、改写、重写、续写或加工制作后，以电影、电视、小说、动漫、短片、剪辑、彩蛋以及具有物质实在性的商品等另一种媒介表达形式再次进入公众视野的文本之间的关联性作为对象的分析和阐释。由于目前国内的相关研究仍处于初始阶段，成果匮乏，国外学界对跨媒介互文性文本研究成果的译介对于助益国内研究发展的重要性可见一斑。与此同时，由于相关领域研究水平的差距，国外学界业已形成并且得到该学科研究者认可的专门的称谓、说法、术语，在目前的国内学界是缺少与之语义等值的专业语汇的。因此，在此类文献的译介过程中，首先应考虑如何实现源文概念意义的正确解码，即弄清楚"这是什么"，搭建起基本的概念框架。在此基础上，对于一些专业性语汇，争取用中文以与其意义等效的、符合学科共同话语体系用语习惯的方式表达出来，做到译文与原文在人际意义层面的功能对等。根据系统功能语言学，人际功能就是人们用语言和其他人交往，建立和保持人际关系的各种行为。举个简单的例子，老年痴呆症是普通百姓的口语体表达，而用阿尔茨海默病这一专业说法来指称这个病症的人大都有着医学背景，其专业的身份就通过这种专业说法得以显现。同理，译者用符合群体语言规范的方式进行翻译，既能够建构自己的学术身份，还能通过译文构建译者与学科共同体的关联，进而构筑国内该学科领域的话语体系。

由美国漫威公司出品，改编自同名漫画的真人出演系列电影《复仇者联盟》就是成功地实现从文学文本到非文学文本的媒介跨越的上佳例证，现今已拍摄了四部影片。另一个人们耳熟能详的跨媒介互文性文本便是《变形金刚》。1984年，美国孩之宝（Hasbro）公司与日本TAKARA（タカラ）公司合作开发了系列玩具，并推出同名系列动画片。2007年，美国派拉蒙影业公司同梦工厂一道，推出了第一部根据动画改编的由真人出演的同名电影《变形金刚》，预计第六部将于2023年上映。与之前的根据原著进行改编的影片有着明显不同的是，以前述两部影片为代表的跨媒介产品所关联的文本不仅在数量上是不可胜记，在表现形式上也可谓是洋洋大观。改编影片《复仇者联盟》系列本身就是复合型互文文本，片中的主要人物基本都已然是由各自同名系列影片成功塑造而声名赫赫的大英雄，比如《绿巨人》《雷神》《美国队长》《钢铁侠》等影片的同名主人公，更有漫威的东家迪士尼同索尼和解之后，从《复仇者联盟3》开始荣耀加盟的《蜘蛛侠》系列影片里飞檐走壁的侠胆英雄蜘蛛侠彼得·帕克。与系列改编影片相关联的众多产品，如海报、短片、剪辑、视频、玩具等更是云屯雾集，遍布世界各地的迪士尼主题公园也相继开设了"复仇者联盟"园区。而风靡了将近半个世纪之久的变形金刚系列玩具，从商店里琳琅满目的能变形的机器人人偶、汽车模型、印有主要人物的徽章，到游乐场、主题餐厅、汽车4S店里随处可见的、大小不一的变形金刚塑像；从与片中几个主要角色联名款汽车的热销，到以片中汽车人一方的二号人物大黄蜂为主角的真人出演影片《大黄蜂》在2018年年底的横空出世，无不是20世纪80年代动画片《变形金刚》的互文性文本通过诸多媒体傲人呈现的有力佐证。

　　国外学界聚焦于跨媒介互文性文本研究近年来顺势力道，将跨越多种媒介、拥有众多互文性文本的影片称为"franchise film"，用显性度及可视度最高、传播范围最广、受众数最多的电影来涵盖经营所有与之具有关联性的、包含多样呈现方式的文本。franchise一词的本义是"授权、特许经营"，从所有权的角度明确了电影同其他相关文本的关联性，也进一步表明电影并非跨媒介互文性文本中的唯一权重。金德尔就将其认定为一种跨媒介网络，应该将其运作为商业超级体系，称其"必须包含多种形式的影像产品制作；必须能够吸引不同年龄阶段、不同阶层、不同种族亚文化的人群，而且针对这些人群的策略各不相同；必须拓展具有'可归联性'的商品；必须要在商品化进程中经历一次激增，与此同时，这一商业上的成功又成为能够较好地推动这一商业超级体系的'媒体事件'"（Kinder，1991：123）。约翰逊·格雷也提出，"我们需要用'银幕之外'的研究来认识那些丰富充实了媒体，建构了电影和电视的其他因素的价值所在"（Grey，2010：4）。据此，笔者在相关文献的翻译过程中，将其译为"专营电影"（芈岚，2016：21-41），在原文的语义（强调系列商业运作角度的所有权）、汉语表述的紧凑（相对于直译：特许授权电影）方面较好地实现了源文这一表述的概念的转换及表达。

值得注意的是，跨媒介互文性文本的关联运作无法同其数量庞大、遍及全球的粉丝割裂开来。粉丝中既包括影片的影迷，也包括热衷漫画或动漫的漫粉，以及一些专门购买、收集、分享衍生商品并因同样的爱好而逐渐聚集成群的人们。与影迷、漫粉不同的是，他们可能并非对相关文本的叙事架构、主要人物角色设定了如指掌，而是对衍生商品的设计、质地、用途、摆放、保存、修复、流通进行研究并津津乐道。从这个意义上来说，粉丝们对于其所热爱对象的知识的了解和掌握，并不逊于学者们。可以说没有粉丝群体，跨媒介互文性文本的延续和发展就难以为继。这部分人群也自然而然地成了学者研究的对象。随着彼此沟通的日益增多以及规模的不断壮大，在这些粉丝群体内部逐渐形成了固定的流通渠道、明晰的任务分工、颇具辨识度的言语表达，这一群体性言语逐渐成为学者们关注的热点。共通的话语，尤其是具有一定内部共识性和外部排他性的言语体系向来是群体身份构建和维系的一个重要组成部分。粉丝们彼此之间所说的"行话"，既是增益彼此沟通效能的利器，也是群体身份的标识，人际关系建立和保持的工具。就国内而言，这些粉丝或许并不是学者，对国外学界的研究和约定俗成的表达可能并不了解，然而目前他们却是相关译作的主要受众群体，译者在翻译文献时着实应该将粉丝们的"行话"纳入整体考量的范畴。更为重要的是，他们之间流行的一些说法，他们对于跨媒介互文性文本的解读与看法，在目前学科规范语汇缺失的情况下，还是非常值得借鉴的，以佐助实现国内该学科领域话语体系的形成和发展。

2 概念意义的传递与转换

作为一种跨文化、跨语言的交际形式，翻译的实质就是"寻求原文和译文在意义上的对等。翻译应寻求两种语言的语篇在同一整体情景语境中具有相同的意义和相同的功能"（胡壮麟等，2005：188）。按照系统功能语言学语言元功能理论的阐释，语言的具体功能（意义）虽然不可计数，但可以把它们归纳为若干抽象、有限的功能，即元功能。元功能包含三个方面：概念功能、人际功能和语篇功能（司显柱，2018：66）。人们使用语言交际就是要表达概念、传递信息以及建构并维系人际关系，解决"谁将什么信息以何种方式传递给谁，为何要如此传递和信息传递的效果"的问题。当然，由于语言实际的存在形式是语篇，语言使用都离不开相应的语境，故而言语交际的过程中也要考虑整体的篇章布局和具体的语言环境。因此，在翻译前述主题的文献时，尤其是现阶段遇到因国内研究匮乏而缺少现成说法、可供参考的行业专有表达法时，首要考虑的还是"意义"的转换及表达，把"这是什么"说清楚，本文称为"译意"。在翻译专业性表述时，在不影响基本概念传递的前提下，尽量用行业术语进行呈现，兼顾译入语同源语在人际意义层面的功能对等，实现本文所称为的"译意"。

英国学者蕾娜·丹尼森 2016 年发表于《影视期刊》（*Cinema Journal*）上的文章 "Franchising and Film in Japan: Transmedia Production and the Changing Roles of Film in Contemporary Japanese Media Cultures"，就针对日本的专营电影展开了细致全面的研究。这篇文章是笔者翻译的第一篇相关类型文献，就题目中的"franchise"一词查找了许多资料，未在国内相关文献中找到可供参考的内容。于是，笔者在处理这个统摄全篇但却可能会令国内读者颇感陌生的关键词时，选择了"意"译——如前文已述，考虑到用与原文表述同样短促紧凑的方式无法将其内涵表述出来，笔者通过注解进一步解释说明"专营电影"指的是什么——此处原文是 franchise，该词本义为"特许营销、专营"，在本文中，指由原著漫画文本衍生而来的多种形式的媒介产品，这些产品之间有着互文性关联（芈岚，2016：21）。

文中援引了学者 Kristin Thompson 对 franchise 一词内涵之意的解读：

..."people use the term 'franchise' rather loosely in relation to films. Essentially it means a movie that spawns additional revenue streams beyond what it earns from its various forms of distribution...

Those streams may come from sequels or series or from the production company licensing other firms to make ancillary products... In the ideal franchise, they come from both."（Denison, 2016 : 69）

　　译文："人们只是泛泛地用'专营权'来关联电影。实际上，专营电影意味着能在各种发行销售之外还能带来巨大收益的影片……这些额外收益可能是来自续集或系列的拍摄，也可能是来自制作公司授权其他公司制作附加及衍生产品……对于理想的专营电影而言，上述两个渠道应该同时作为巨大收益的来源。"（芈岚，2016 : 69）

　　由此不难看出，Thompson 主要是从商业运作以及利益最大化角度诠释专营电影的。当时笔者在翻译其中一个重要渠道 "ancillary products" 时，将其意译为 "辅助产品"，但在查阅相关文献后，知晓了其十分丰富的内涵：与影片相关的海报、卡片、徽章、人偶、各种玩具等具有物质实在性的商品。考虑到原文中这一短语出现的位置和重要性，笔者在不使用附加注解、不适合一一列举的情况下，用增译法来译 "意"，即 "附加和衍生产品"，在概念之意的表达上能够让更多的读者知晓其具体所指。

　　但是，是否有更为专业的表达其内涵之意的译法呢？事实上，如前所述，国内外都有以购买、收集、整理、摆放、研究这些具有物质实在性的衍生产品的粉丝群体，在粉丝群体内部，这些 "附加和衍生产品" 被统称为 "周边"，它们还有个十分贴切并且易懂的名称叫 "谷子"（英语 goods 一词的音译），不但突出了这些产品是具有物质实在性的商品，还很巧妙地表达出各类商品繁多如谷粒。将 ancillary products 译为 "周边产品"，对于粉丝群体而言自是更为简洁专业，相信随着这一领域话语体系的逐步建立，"意" 与 "义" 兼备的 "周边产品" 会成为除粉丝群体之外更多人的选择。

　　周边产品的粉丝们有一套颇令人感到拍手叫好的新奇说法，比如他们称自己为 "谷妈"，买卖谷子称为 "吃"，对谷子的热爱之情跃然纸上；买家成套买入称为 "凹"（英文 all 一词的音译），充分发挥了汉字的以形表意的功效，生动形象又朗朗上口；卖家表示已经打折让利的时候称为 "已自刀"，刀是英文 dollar 一词的音译，而汉语的 "刀" 字将切、割的意味烘托出来，卖家忍痛让利的形象宛若眼前；碰到了心爱的谷子，价格再高也要入手的"谷妈"们被称为"头铁"。粉丝们不但形成了一套笔精墨妙的指称语体系，在产品的分类、保存、摆放、流通等方面也有自己的专业说法。粉丝是相关文献的重要受众，他们的"行话"自然就成了文献翻译在学术用语缺失的情况下可供参考的语料库。"使用一种语言（文字），自然要遵循该语言特征和该语言社区的言语习惯……有时，言者为了实现特定的交际目的要打破言语规范，以传递包括'语用含义'在内的交际意图"（司显柱，2016：87）。如何将这些形象感有余但学术规范不足的表达法纳入相关文献汉语翻译的整体考量之中来帮助建构学科话语体系，是日后相关文献译介应该着力探究的目标。

学术文献的翻译自然与普适性读物的翻译不同，面对的受众群体也不同，大部分的读者有着一定的专业背景。在不影响概念意义有效传递的前提下，可以对概念意义的翻译进行转化，用更为专业、更能凸显领域特质的语言进行表述。

原文：These are much the same phenomena described within more recent work on media franchising, including Will Brooker's extensive work on Batman. ...which complicates understanding of "the translation across media from the comic to page to film, and the implications of an adaptation that produces not one text, but many." By suggesting what we view franchise texts as "free interpretations built around a basic framework," Brooker reconceptualizes Batman as a matrix of productions, thereby providing an essential methodological shift that decenters assumptions about the importance of individual media in favor of a transmedia investigation of franchising practices and processes.（Denison, 2016:12）

译文：这一观点同近来探讨有关媒体专营权的许多研究相似，比如威尔·布鲁克所做的关于蝙蝠侠的大量研究。……这就使得对于"从喜剧到文字再到电影的跨媒介翻译，以及生成的不是一个而是诸多文本的改编的含义"的理解更趋复杂。从这个角度而言，我们将专营权文本当作"基于一个核心框架的任意解读"，布鲁克将蝙蝠侠重新定义为一个商品矩阵，由此形成了一个根本上的方法论转变，瓦解了通过对专营权运作及过程的跨媒介调查以凸显个体媒介重要性的假设。（芈岚，2016：24）

以上这段文字是作者丹尼森援引其他学者的观点，并辅以蝙蝠侠这个具体例证来说明多种表现形式的文本以及多样化的商品都是专营电影的组成部分。蝙蝠侠的粉丝们对其历史由来自然非常清楚：由两名漫画家鲍勃·凯恩和比尔·芬格在1938年创造的这个大英雄，从次年5月在DC漫画《侦探漫画》里初次亮相到如今，早已从漫画领域扩展到电视、电影，催生出大量的玩具和电子游戏，其角色也成为许多精神科医生和学者的研究对象。译文之所以将"comic"译为喜剧而不是漫画，是因为基于对其概念意义中包含的历史文化内涵的考察："二战"结束后，系列漫画就开始由写实黑暗转变成欢乐童趣的风格，实为喜剧。而"page"之所为被译为文字，是因为落实到纸面文字的不仅是电影、电视剧本，还有粉丝和学者的相关研究成果。"商品矩阵"这一说法的情况类似，何谓矩阵，矩阵何谓，都需要专门的知识来辅助理解。通过概念意义的转换，运用更为专业的表述方式。

文中还有一段文字专门阐释什么样的文本可以作为跨媒介专营运作的源文本：

原文：The most common sources for franchise-media mix are manga and anime, although a wide range of light novels, literature, plays, video games, and even song lyrics have been adapted into transmedia franchises under the rubric of media mix within the past decade.（Denison, 2016:72）

译文：虽然在过去的十年中，在媒体联合的大潮涌动之下，轻小说、文学作品、戏剧、网络游戏甚至是歌词都被改编成跨媒介专营文本，然而专营联合最为常见的两个源头依旧是漫画和动画。（芈岚，2016：26）

从词汇学的角度,文中的"literature"(文学作品)一词应该是"light novels"和"plays"的上义词,因为"轻小说"和"戏剧"都是文学作品的一种表现形式;从更广义的角度,甚至还包括后面的"song lyrics"(歌词)。当然,此处所谓的戏剧专指舞台上由演员演出剧目的脚本。笔者在译文中用这种语义重叠的方式来进行列举是基于以下学科用语规范的考量:轻小说主要是指在日本颇为流行的面向青年读者的,带有漫画式插画的,主题大都较为轻松的小说,可以理解为是一种漫画的变体。literature 是指出版发行的、作为跨媒介专营运作的源文本的小说,这同长久以来根据小说进行影视改编创作的做法一般无异。

此外,还包括形式多样的文学作品,比如漫画、网络小说以及由粉丝创作的 fan fiction。

笔者是在翻译由菲利普·杜米尼克·凯德尔在 2018 年发表于《电影与商品》上的文章"Between Textuality and Materiality: Fandom and the Mediation of Action Figures"(《文本性与物质性之间:粉丝与可动人偶的媒介性》)(芈岚,2020:4-25)时首次接触 fan fiction 这个说法的,按字面意思理解就是由粉丝创作的小说,但若直译为"粉丝小说",就会被专业领域人士贻笑大方了。此类小说是由粉丝根据跨媒介文本里的某一个或某几个关联文本中的原型人物而创作的,情节、场景等都有别于源文本的小说,被称为"同人小说"。浩瀚如海的中国古典文学里不乏同人小说的楷模之作,比如《金瓶梅》就是根据《水浒传》里武松打虎和杀嫂为哥报仇的情节进行衍生创作的。凯德尔在他的文章里详细论述了以美国系列影片《星球大战》中角色为原型而制作的可动人偶是如何作为复杂的互文性文本发挥媒介作用的,同人小说就是其中一个颇为重要的方面。"尽管无法同其他媒介产品的同人小说在数量上一较高下,但可动人偶同人小说的档案及数据库中还是有很多'玩具总动员式'的故事,以及实体玩具同其所有者或其他专营电影系列中人物角色相互影响、互相关联的作品。《欢迎光临娃娃屋》就是很好的例证,反映出《星球大战》同该专营系列电影物质文化之间的联系。"(Kinder,2018:179)鉴于此,前文中将 literature 译为"文学作品",就是考虑到概念表述的专业性，用"文学作品"这一表述指涉来表现其在相关学科领域里丰富的内涵，通过概念意义的转换来实现人际意义层面的"意"译。

3　概念意义与人际意义的融合

学术翻译的过程也是译者建构自己身份的过程，在此过程中，"人们不断地认知学科层面的话语共同体和实践共同体，运用成员认可且共享的语言资源，展示自身的学术能力，使得自己的研究融入学科共同体"（Hyland，2012）。前文已然论及，文献译介的目的是建构译者的学术身份，助力国内学科领域的发展以及话语体系的构建。在满足概念之意的转换和有效传递的同时，兼顾人际意义的恰当体现是学术翻译的特点决定的。鉴于此，将粉丝群体的"行话"用学术语言进行表达，兼顾学术语言的精准和行业用语的精妙；同时，在概念译的过程中有机融入人际意义的翻译，就是实现译文同源文在概念及人际意义上的功能对等。这样一来，既能满足学者以研究为目的的参考借鉴，逐步构筑专业领域的学科共同体和专业话语体系，也能让粉丝们不但知其所云还感到亲切，继而转化为专业研究的动力和助力，用翻译来促通学术共同体和实践共同体的相融。

粉丝们所热爱至深的"谷子"绝非简单意义上具有物质实在性的供人把玩的玩具，它们既是具有跨媒介性质的副文本，也是宣传效果极佳的广告和营销手段，其自身的价值受到商家和学者的高度认可与关注。格雷（Steinberg，2012：89）就曾表示："玩具从来都不是'附属的'次生品或不经意的巧合：它们发挥着举足轻重的作用，因而也成为主文本及其无可比拟的成功的重要组成部分。"

原文：As Chris Anderson has argued, Disney pioneered a "total merchandising" approach to their entertainment company creating "a tangle of advertising and entertainment in which each Disney product, from the movie *Snow White and the Seven Dwarfs*（1937）to a ride on Disney's Matterhorn, promoted all Disney products." （Benson, 2019:3）

上文摘自美国学者尼古拉斯·本森发表在《电影电视评论季刊》2020 年第一期上的一篇探讨迪士尼公司是如何运作跨媒介互文性文本的文章，题目是 "All Hail Disney: Establishing Corporate Authorship Through Industrial Intertextuality"。文章将迪士尼公司和华纳兄弟公司根据鲁德亚德·吉卜林的原著《奇幻森林》改编的真人出演电影进行细致的对比研究，提出迪士尼版的《奇幻森林》得益于迪士尼长久以来对跨媒介互文性文本标志性运作的成功经验积累和庞大商业集团体系的联动，其票房成绩和观众口碑都要远远优于华纳兄弟公司的出品。上面所引的那段话阐释的内容就是关于迪士尼公司是如何精于运用自身完备的产业链来从多个方位打造跨媒介互文性文本。文中先后出现了 merchandising 和 product、products 三个词，都有"商品、产品"之意。作者的译文如下：

> 按照克里斯·安德森（Chris Anderson）的观点，迪士尼绝对是用"彻底的商业化"模式来运作集团旗下娱乐公司的先行者，"娱乐产品和广告营销织就出庞大的网络，被包裹在其内的迪士尼的所有作品，从影片《白雪公主和七个小矮人》（1937）到迪士尼的马特洪峰，都在不遗余力地为迪士尼的其他所有产品大做宣传"。（芈岚，2020：7）

在概念意义的层面，原词的意思在汉语中都有相对应的等值体，人际沟通的角度也不存在理解屏障或群体分隔，因此笔者在当初翻译时主要将精力放在语言形式的表现上，即注意规避语言的重复，分别译为"商业化""作品"和"产品"，实现了译文的表"意"。但若从将所有的周边商品连同各式声像制品、令人眼花缭乱的迪士尼乐园里众多游乐项目、纪念品商店售卖的"谷子"都作为跨媒介互文性文本的一部分的角度再对文字细加揣摩，这段文字强调的是所有这些文本的巨大潜势的推广营销作用，在整个的商业链条中，这些文本同电影一道，以相互关联的方式呈现自身的同时，推广彼此，成就了迪士尼公司在公共文本领域跨媒介运作的凯歌高旋。故而，修改后的译文将原来的表述变成"全品类的推广营销""娱乐周边""迪士尼的每一件作品""所有影片和周边产品"，不但更贴合该专业领域的用语规范，也更能凸显译者对学科背景知识的掌握。

> 修改后的译文：按照克里斯·安德森（Chris Anderson）的观点，迪士尼绝对是用"全品类的推广营销"来运作集团旗下娱乐公司的先行者，"娱乐周边和广告营销织就出的庞大网络将迪士尼的每一件作品都包裹其中，无论是《白雪公主和七个小矮人》还是马特洪峰过山车，都在不遗余力地为迪士尼推出的所有影片和周边产品大作宣传"。

在精心打造规模化互文性产品的同时，迪士尼还十分看重对粉丝群体的关切与培养。按照科内尔·萨德沃斯的观点，粉丝们追捧的所有对象都应该被理解成媒介化的文本（Sandvos，2005：8）。其实，"粉丝"这个说法委实过于笼统，就好比前文提及的，周边产品的粉丝们就自称"谷妈"。在谈及粉丝群体的多维性时，希尔斯指出，认为粉丝文化是"孤立并且单一"的看法忽视了"某个文本或者偶像的粉丝可能同时也是其他文本／偶像的粉丝的可能性有多大"这个问题。这就是为何他在对"穿梭往来于不同的粉丝群体，熟知不同粉丝群体专业知识"的粉丝进行研究时提出了粉丝跨越的概念（Hills，2017：221）。有些粉丝只对跨媒介文本的某一种具体表现形式感兴趣，比如系列电影、动漫、漫画。还有一些粉丝属于专营互文体系中的不同亚群体，将他们的技能和对电影的了解应用于周边产品的生产制作，或者把纸质文本制作成电脑游戏或者播客短片。有些粉丝堪称粉丝史学家，对其所喜爱的文本的历史及发展研究透彻并著书立说。还有一些则在他们的作品中，比如同人小说、纪录片，把通过不同媒介表现出来的故事的实体物质同源文本之间的关联性搭建起来。

本森在文章中专门论述了迪士尼的真人版《奇幻森林》是如何通过

互文性构建来赢取粉丝的。就迪士尼的真人出演电影而言，吉卜林的原著《奇幻森林》是概念意义上的源文本，也就是专营电影中的主文本。但是，由于吉卜林的原著属于公共文本，其他影业公司也有权对其进行难较高下的改编创作，于是迪士尼将自己早年根据原著改编的风靡一时的同名动画也作为源文本（original film），在真人出演的电影里力图通过与源文本的关联性来获得原动画迷们的认可，怀旧的格调在续写迪士尼标志性传统的同时，巧妙地使动画及其粉丝们成了真人出演电影的有效推介，互文性文本和粉丝的跨媒介特性得到了充分的发挥。

> Colleen Montgomery argues of the Disney video game Epic Mickey that gameplay, "engages the players in memory work that cultivates affective ties to Disney archival media...". Similarly, Disney aimed to encourage nostalgic feelings for their animated version of the story by favoring production choices that reminded audiences of the Disney version. The film itself contained images and scenes that were framed in ways that recalled the original film, giving audiences familiar with the cartoon a sense of familiarity with the world. One such image was Mowgli sitting on Baloo's belly while floating on a river, a scene that was featured in the first trailer. Although these various scenes did not match the animated feature exactly, they attempted to evoke a sense of familiarity and nostalgia for the imagery popularized in the Disney film. The music also heavily evoked the animated movie.（Benson, 2019: 9）

对于通晓迪士尼经典作品和运营手段的粉丝群体以及专业研究学者们来说，条分缕析上文中若干词语的概念所指，比如 Disney archival media，animated version of the story，the Disney version，the original film，the world，the Disney film，可谓易如反掌。然而对之鲜有了解的其他读者，就可能会产生概念混淆。由于其内涵之意不甚复杂，牵扯内容也不是很多，在翻译的时候是能够做到精准地为广义读者解构概念的同时，兼顾满足专业读者顺畅悦读需求的。笔者在整体译"意"的过程中对关键词的处理，不影响篇章意义的同时还将贯穿全文的关键要"义"通过"迪士尼经典媒体作品（包含电影和动画片）""当（早）年动画片""动画原作""迪士尼动画片""原作动画片"等译语表达出来。这种翻译方式能够更直接地建构起译者的学术身份，搭建起译者连同其译文与学术共同体成员之间的交流及相融，更全面地兼顾到译文与原文在概念意义层面和人际意义层面的功能再现。

　　科林·蒙哥马利（Colleen Montgomery）在谈到迪士尼的网络游戏《传奇米奇》时表示："这些游戏会唤起玩家们对迪士尼经典媒体作品的回忆，是上佳的情感培养方式。"事实上，迪士尼公司在拍摄真人版改编影片时，也是竭尽所能地采用能让观众回忆起当年动画片情节的制作素材来营造出浓厚的怀旧气氛。改编影片包含许多以当年动画片再现的方式拍摄制作的意象及场景，让那些对早年动画片百看不厌的观众们备感熟悉、亲切。真人版影片发布的首条拍摄花絮中就有这样的动画片再现情节：毛克利坐在巴鲁熊的肚子上在河水里漂游。虽然改编影片的许多场景同动画原作的相像程度并非毫无差池，但是在唤起观众对迪士尼动画片那些早已深入人心的经典人物和场景的回忆和熟悉感方面却是精准到位、驾轻就熟的。影片的配乐也可谓是原作动画片的惊艳重现。（芈岚，2020：12-13）

4　结语

　　翻译，尤其是学术文献的翻译，在实现从一种语言向另一种语言转换的过程中，要考虑的维度从来都不是单一的。从概念意义的角度，讲求精准再现原意，避免歧义和误读；从人际意义的角度，力求达到"内行看门道"的用语专业、表述清晰；从篇章意义的角度，追求言语精练、连贯通畅，与原文的"形""神"相契。本文所探讨的几篇文章都是国外学者围绕影视研究领域的新热点"跨媒介互文性文本"所展开的，其部分内容在国内学界尚处于研究的初始阶段，因此在文献译介时相关专业说法的所指及内涵的表达需要在缺少参考的情况下加以创建，这便是目前的翻译以概念"意"译为先的原因所在。在处理具有专业内涵的表述、称谓时，在保证概念意义有效传递和转换的同时，兼顾人际意"译"，这不仅是译者建构学术共同体成员身份的需要，也是满足译语实现在概念、人际意义层面与原文功能对等的要求，因为专业语汇才能助力国内相关学科话语体系的建立及发展。与此同时，这又是一个在现阶段非学术群体的发展要远远超过学科的领域，难以数计的跨媒介粉丝们因兴趣爱好而在很多方面创造出了丰硕的成果，为学术文献翻译和学科领域的研究发展提供有价值的借鉴。作为译介文献的重要受众群体，粉丝们的"行话"能否以及怎样帮助实现人际意义的传递并有效连通学术共同体与应用共同体的相融与发展，是文献译介以及构建学科话语体系需要去进一步深入探究的方向。

【参考文献】

[1] Cornel Sandvos. *Fans: The Mirror of Consumption*[M]. Cambridge: Polity, 2005.

[2] Marc Steinberg. *Anime's Media Mix: Franchising Toys and Characters in Japan*[M]. Minneapolis: University of Minnesota Press, 2012.

[3] Marsha Kinder. *Playing with Power in Movies, Television and Video Games: From Muppet Babies to Teenage Mutant Ninja Turtles*[M]. Berkeley: University of California Press, 1991.

[4] Matt Hills. From transmedia storytelling to transmedia experience: Star wars celebration as a crossover/hierarchical space[M]// *Star Wars and the History of Transmedia Storytelling*. Amsterdam: Amsterdam University Press, 2017.

[5] Nicholas Benso. All hail Disney: Establishing corporate authorship through industrial intertextuality[J]. *Quarterly Review of Film and Video*, 2020, 37(1):

1-23.

[6] Philip Dominic Kinder. Between textuality and materiality: Fandom and the mediation of action figures[J]. *Film and Merchandise*, 2018, 42(2): 171-187.

[7] Rayna Denison. Franchising and film in Japan: Transmedia production and the changing roles of film in contemporary Japanese media cultures[J]. *Cinema Journal*, 2016(2): 67-89.

[8] 胡壮麟，朱永生，张德禄等．功能语言学概论 [M]．北京：北京大学出版社，2005．

[9] 芈岚．日本的专营运作和电影：当代日本媒体文化中的跨媒介产品以及电影角色的转变 [J]．世界电影，2016（6）：21-41．

[10] 芈岚．文本性与物质性之间：粉丝与可动人偶的媒介性 [J]．世界电影，2020（1）：4-25．

[11] 芈岚．广受赞誉的迪士尼：通过工业互文性构建的联合作者身份 [J]．世界电影，2020（4）：4-26．

[12] 司显柱．功能语言学与翻译研究——翻译质量评估模式建构 [M]．北京：外语教学与研究出版社，2016．

[13] 司显柱．从系统功能语言学视角论《红楼梦》的译"味" [J]．外语研究，2018（2）：65-70．

Translation of Ideational Meaning and Interpersonal Meaning: The Translation Strategy of Academic Literature and the Construction of Disciplinary Discourse System
—The Translation Study of Literature about Transmedia Intertexuality

Mi Lan

(Beijing International Studies University, Beijing 100024)

Abstract: Transmedia intertextualiy has become an important research object in film studies, which includes various kinds of interrelated texts. This paper aims to prove that, since the research in this filed of our country is still in its preliminary stage and the disciplinary discourse system has yet been constructed, translation of papers in this field should attach primary importance to the translation of ideational meaning. At the same time, the translated expression should be in accordance with the language characteristics shared by the academic group members . Thus, the functional equivalence in both ideational and interpersonal meaning between the original text and the translated version is of great help to the construction of the translator's academic identity and the establishment of discourse system of relative disciplinary in the academic field.

Key Words: Transmedia Intertexality; Ideational Meaning; Interpersonal Meaning; Translation

作者简介：芈岚，博士，研究方向：功能路径翻译研究，英美文学、影视翻译研究。

中文流行歌曲英文配译可唱性策略研究

英萍辉　谈宏慧

（长江大学）

【摘　要】可唱性是歌曲配译首要原则。汉语是声调语言，中文流行歌词存在"走字"和"破句"现象，歌词含义受到旋律和节奏的影响；英语是语调语言，英文流行歌词存在"破句"现象，英语歌词的轻重音必须与歌曲节奏吻合，歌词含义更易受歌曲节奏制约。为了提升中文流行歌曲英译的可唱性，译者必须兼顾"韵律匹配"和"诗意匹配"，通过增译、减译、直译、意译、改译策略做到译后音节数量保持大致相同；译后的歌词的轻重音节与音乐的轻重拍相吻合；歌词停顿与音乐停顿保持一致；灵活更换韵脚和押韵格式；保留原文平行对照结构和关键词。

【关键词】歌曲配译；英汉语音差异；可唱性

1　引言

　　流行歌曲作为受众面最广、百姓最易接受的音乐种类之一，传唱度高、主题鲜明、旋律简明、歌词浅显易懂。歌词作为口头文本，承担着讲述故事、抒发情感、沟通内心的角色（吴硕、姜琦、毛伟伟，2021：59）。流行歌曲植根于大众生活的丰厚土壤之中，具有很强的时代性，有"大众音乐"之称，在如何让富有生机和活力的中国流行音乐"走出去"，进入广泛的全球文化概念中这一问题背景下，流行歌曲的翻译研究具有重要意义。歌曲是糅合了语言、文学和音乐三项元素的艺术体裁（廖志阳，2010：71），翻译歌曲时只有将三项元素综合考虑，才能最大化地还原原曲的语言之美、文学之美和音乐之美，但在实际翻译过程中，三者很难完全兼顾，音乐之美即可唱性（singability）便成为歌曲翻译的首要考虑因素。覃军、周倩（2022：31）认为作品应是用来演唱入歌（singability），歌曲翻译行为涉及两个对象，即"词"与"曲"，译者配着原曲调进行翻译，翻译出的词能够配上原曲的节奏、旋律和音韵，能入歌演唱，这个过程叫做"歌曲配译（Song Dubbing）"。Peter Low（2003：93）认为歌曲翻译必须具备表演性，要求译后歌词能够以原曲的速度演唱。Franzon（2008：389-396）翻译歌曲的"可唱性三维度"——韵律匹配、诗意匹配和语义匹配，译者需优先考虑韵律匹配，其次是诗意匹配，适当牺牲语义匹配以保证歌曲译后的可唱性。目前国内现有歌曲翻译研究大多为应用各种翻译理论描述或解释外国歌曲汉译策略，如"目的论"（薛范，2002；陈水平、何高大，2009；孙婷、李莎，2010）、"动态对等理论"（廖志阳，2008；詹红娟2009）。"变异理论"（向云，2022）、"符号学理论"（杨晓静，2011）、"美学理论"（谭凯，2011；吴凡，2018）、"文化学理论"（卢明玉，2009；张琛，2018）、"五项全能原则"（王琛，2014；张潇丹，2019；覃军，2021）。有少数学者探讨了中文歌曲外译，但对歌曲配译中的可唱性翻译策略少有提及（王琛，2014；吴凡，2018；张潇丹，2019；覃军，2021；向云，2022）。为了让更多的中国歌曲能够走出国门、面向世界，本文拟在分析中英文流行歌曲差异的基础上，以 Franzon（2008）提出的"可唱性三维度"为指导，提出中文流行歌曲配译可唱性策略以期对中文歌曲外译实践提供借鉴。

2 英汉语音差异对中英流行歌曲配译的可唱性影响

一首流行歌曲主要包含歌词、曲调、节奏三大要素，其中歌词具有传达歌曲意义和中心思想的功能，歌词具备语音要素、语法要素和词汇要素，语音要素与歌曲的曲调和节奏密切相关。由于英汉两种语言具有不同的语音特点，英汉歌词与曲调和节奏的结合便会产生不同的现象。

2.1 汉语流行歌曲"走字"和"破句"现象

汉语是声调语言，声调具有音位价值，每个音节都有声调（周志培，2003：136）。汉语的音节数量和汉字的数量相等，一个汉字对应着一个音节，一个音节内有声母、韵母和声调，声调贯穿整个音节的升降。音节也会随着声调的变化而产生不同的语义，例如："妻子、棋子、弃子、七字"，这四个词由于声调不同，所产生的语义也不同。当中文歌词的声调与歌曲曲调的走向不同时，便会出现"走字"现象。例如，萧亚轩的歌曲《爱的主打歌》中副歌的第三句歌词（见图1）。

原　　来原来你是我的　主打歌

图 1　萧亚轩《爱的主打歌》

"主"字和"打"是去声，"歌"字是平声，正常朗读下"歌"字的音高高于"打"字。整个音调走向应该为由低到高。简谱显示"主"和"打"两个音节的音高为2，而"歌"字的音高由2降到1，且"主"字前的"的"音高为1，从"的"到"主"字音高变化并不明显。所以整句歌词听起来像是"原来原来你是我的猪大哥"，这种情况就是"走字"现象。

乐曲结构中最小的单位被称为动机（音乐术语），两个或两个以上动机构成乐节，两个或两个以上乐节构成乐句，若干乐句构成具有一定独立性质的音乐段落，便是乐段。每个动机、乐节、乐句或乐段内都有一定的强弱、快慢、松紧，都有一定的停顿和呼吸（薛范，2002：108）。当中文流行歌曲的歌词停顿与音乐的动机、乐节、乐句或乐段的停顿不符时，会产生"破句"现象，如周杰伦的《红尘客栈》（见图 2）。

图 2　周杰伦《红尘客栈》

此句歌词正常朗读的停顿为"红尘客栈 / 风似刀"，但此句歌词乐节停顿的位置在"客"字和"栈"字中间，演唱时的停顿效果为"红尘客 / 栈风 / 似刀"，使听众感觉像断错句了一样，未充分考虑歌曲的自然节奏。

由以上两例可知，中文歌曲歌词的含义会受到旋律和节奏的双重影响，音乐的旋律必须要符合汉字本身的声调，歌词的自然节奏也需与音乐的节奏相符合，否则会影响歌曲演唱时的自然性，严重情况下会影响词意。

2.2　英语流行歌曲的破句现象

英语是语调语言或重音语言，词的意义与读音的高低升降无关，语音表意手段主要是语调和重音（周志培，2003：136）。英语强调重音音节，例如双音节词必须有一个重音，一个轻音；三音节以上的词有一个重音，有时还有一个次重音。重音在单词中有区别词性跟语义的功能。例如："record"一词，读作 /ˈrekərd/ 时，重音落在第一个音节上，此时词性为名词，具有"记录、唱片"等含义。当读作 /rɪˈkɔːrd/ 时，重音落在第二个音节上，此时词性为动词，具有"记录、显示、发表正式（或法律方面的）声明"等含义。在词组中，音节的重音和次重音的位置不同，语义也会随着变化。例如"a French teacher"，当读音是"a 'French teacher'"时，该词组表示教法语的老师。当读音是"a French 'teacher'"时，该词组表示法国老师。因此，英语单词的发音没有音调高低之分，但有轻重之分，在用英语入曲演唱时需要考虑将重音节落在音乐的重拍上，否则会出现"破句"现象，例如 Fool' Garden 的 *Lemon Tree* 中的第一句歌词（见图3）。

图3 Fool' Garden *Lemon Tree*

Lemon Tree 为 A 调四四拍歌曲，四四拍音乐的节奏型是"强、弱、次强、弱"。因此以下音节为强拍：sitting 中的"sit"、boring 中的"bor"、"just"和 another 中的"a"，次强拍有"here""room""rainy"这些音节，弱拍有 sitting 中的"ting""in""a"、boring 中的"ring"、"It's"、another 中的"no"和"ther""Sunday"。单词 another[əˈnʌðə(r)] 的重读音节应为"no"[ˈnʌ] 音节，其余音节均为轻读音节，而在原歌曲中"a"为强拍、"no"为弱拍与单词本身的轻重音不吻合，导致强弱错拍。

总之，英文歌曲不受音乐旋律的限制，但会受到歌曲节奏的限制。当歌曲节奏与单词的轻重音不吻合时，会影响听众的听感，严重时也会影响到原歌词的含义。译者进行歌曲配译时需要注意英汉歌曲语音差异。

3 可唱性三维度

"可唱性三维度"由 Franzon（2008：389-396）提出，旨在提高歌曲翻译的可唱性，他认为歌曲翻译应该做到歌词与音乐匹配，需同时达到韵律匹配、诗意匹配和语义匹配。韵律匹配需通过审视歌曲的乐谱与译后的歌词结合起来是否易于理解、演唱是否自然来确定，具体表现在译后歌词的音节数、节奏、声调和是否易于演唱。诗意匹配通过审视歌曲的结构与译后歌词结合起来是否能吸引观众注意力、达到诗意效果来确定，具体表现在译后歌词的押韵、短语/行/节的分割、平行与对照结构、关键词的位置。语义匹配通过观察译后歌词是否能够反映或阐释原歌曲来确定，具体表现在故事讲述、情绪传达、人物表达、描述（文字、绘画）和隐喻（见表1）。

表 1　可唱性三维度

可唱性三维度	音乐	歌词
韵律匹配	旋律：歌曲的乐谱，与译后歌词结合起来时要易于理解、演唱起来自然	音节数；节奏；声调；易于演唱
诗意匹配	结构：歌曲的演奏，译后歌词能够吸引观众注意力，达到诗意的效果	押韵；短语/行/节的分割；平行与对照；关键词位置
语义匹配	表达：歌曲的意义，译后歌词能够反映或阐释音乐	故事讲述，情绪传达，人物表达；描述（文字绘画）；隐喻

3.1　韵律匹配

韵律匹配指歌曲旋律与语言韵律的搭配程度，其中具体体现为歌词的音节数量、歌词的节奏和歌词的声调。其中在"音节数量"上，要求译后的歌词与原歌词音节数量大致相同，这样可以最大程度保留原歌曲的演唱效果。其次，在"节奏"上要求译后的歌词轻重音能够符合原曲的节奏变化。同理，在"声调"上要求译后歌词的音调符合原曲的曲调走向。

3.2　诗意匹配

诗意匹配包含押韵、短语/行/节的分割、平行与对照及关键词位置。"押韵"指译后的歌词能够具有一定的押韵格式，演唱起来朗朗上口。"短语/行/节的分割"则要求歌词的停顿或断句与音乐的停顿保持一致，否则会造成语义偏差并影响歌曲的听感。"平行与对照"指歌词语法结构相似的词并列使用的一种修辞手段。"关键词位置"一般保留在原歌词关键词的位置以突出强调。诗意匹配是在满足基础可唱的情况下，让演唱变得更加上口、更富有文学气息。与韵律匹配相比，诗意匹配对歌曲可唱性的影响更小。

3.3　语义匹配：

语义匹配包含"故事讲述""情绪传达""人物表达""描述（文字绘画）"和"隐喻"。"故事讲述"要求歌词叙述的故事完整且符合正常逻辑思维。"情绪传达"指音乐所表达的感觉与歌词所传达的情感相一致。"人物表达"指歌词中出现的人物需要在译词中重现。"描述（文字绘画）"是一种音乐创作方式，其中曲调、节奏和音符的动态需反映给定歌曲的主题。"隐喻"指一种比较隐晦的比喻方式，并没有直接体现在歌词文本的表面，而是在其更深层次。

考察歌曲配译可唱性维度时，韵律匹配是关键，直接决定歌词是否能够配入原曲进行演唱。诗意匹配在满足基础可唱的情况下，让演唱变得更加上口、更富有文学气息。语义匹配让歌词变得有意义、富有逻辑性。

4　可唱性配译策略

为了提升中文流行歌曲配译的可唱性，译者必须兼顾"韵律匹配"和"诗意匹配"，可适当牺牲"语义匹配"。通过增译、减译、直译、意译、改译策略，译者需做到译后音节数量保持大致相同；译后的歌词的轻重音节与音乐的轻重节拍相吻合；歌词停顿与音乐停顿保持一致；灵活押韵及更换韵脚；保留原文平行对照结构及关键词。

4.1　保持译后歌词音节数大致相同

在"韵律匹配"中，翻译后音节数量相同是保证歌曲可唱的前提之一。由于汉语的凝练性高于英语，有时译出的文本存在音节增多的情况，如果不加以润色修改，那么就会影响原歌曲的可唱性，让听众听起来会感到与原唱相差甚远。例如原创音乐人丁克森直译的《最伟大的作品》（见图4）。

我用琴键穿梭 1920 错过的不朽。

I use the key to shuttle through the immortality I missed in 1920.

图 4　丁克森直译版《最伟大的作品》

原歌词只有 15 个音节，直译过去之后有 22 个音节，比原版多出 7 个音节。在翻唱过程中，15 个音节所占的时值跟译配后 22 个音节所占的时值一样长，严重破坏了原曲的节奏，从而影响了歌曲的可唱性和听众的听感。当翻译之后音节数量发生了变化，那么一定会影响原歌曲的节奏但不一定影响歌曲的可唱性和听感。"有过外文歌曲汉译经验的人一定知道，在处理汉语译词时，我们有时可能会增加一些如'的''儿''了'等不占时值的虚词。同理，译配中文歌曲时，有时多出如 of / at / to / in / the 这些不占时值的虚词也是允许的"（覃军，2021：153）。笔者认为歌曲配译中增减音节在大多数情况下都会影响原歌曲的节奏，除非一个音节可以与相邻的音节连读成一个音节。例如："花" [huā] 和 "花儿" [huā er]，"花" 与 "儿" 连读时，"花" 与 "花儿" 时值相同。"我" [wǒ] 和 "我的" [wǒ de]，"好" [hǎo] 和 "好了" [hǎo le]，"的" 和 "了" 都是轻声且无法与前后音节连读成一个音节，所以 "的" 和 "了" 会占据时值。在英语中，每个单词最少有一个音节，与 of/at/to 等音节无法连读成一个音节，所以 of/at/to 等虚词也会占据时值，例如 think of [θɪŋk ɒv] 中的两个音节都占据时值。在配译过程中，增加或减少一个音节可以轻微改变歌曲的节奏但不影响歌曲的可唱性和听感。例如 Sam Tsui 配译的《漠河舞厅》（见图5、图6）。

　　　也　没　有　见　过　有　人　　　在　深　夜　放　烟　火
And I've never heard the sound　of　fireworks at night

图 5　Sam Tsui 译《漠河舞厅》

Sam Tsui 采用意译法，将原歌词中"见过"译成"heard the sound of"。原歌词有 13 个音节，配译后有 12 个音节，Sam Tsui 将原歌曲中最后两个音节"烟火"的位置用"night"一个音节代替。"放"音节为八分音符，"烟火"两个音节为十六分音符，配译后"at"和"night"两个音节均为八分音符，配译后节奏上略微发生变化，但是不影响歌曲配译后的可唱性和听感。

图 6　Sam Tsui 译《漠河舞厅》

Sam Tsui 运用减译法和意译法，将原歌词中的"三千里"省译。原歌词 8 个音节，而译后的英文有 9 个音节。"遇见你"三个音节意译成"you came to me"四个音节，原曲中"遇"这个音节是附点四分音符，时值较长，Sam Tsui 将"you"和"came"两个音节放到"遇"这个音节的位置，"you"和"came"两个音节各占一半时值。该句中"三千里"并没有译出，将"偶然"译为语义相近的"suddenly"并置于句首，且原词中的"三千里"和译词中的"Suddenly"在语音语调上相似，会给听众一种认同感，仿佛在听原唱一样。

以上两个配译实例通过增加或减少一个音节，轻微改变歌曲的节奏但保证了歌曲的可唱性。英语的音节中没有辅音的情况较少，而且经常有几个辅音连缀在一起与元音构成的音节（周志培，2003：136）。这些辅音连缀通常出现在一个单词的开头或者结尾，例如"strict"/strɪkt/、"swift"/swɪft/，这两个单词都只有一个音节，但有 4 个辅音，而且其中的一个元音还是短元音，在一定程度上减少了元音所占的时值。而且在实际演唱中，前一个单词的结尾带有辅音，或者后一个单词的开头带有辅音，都会降低歌曲的可唱性。例如"speak strictly"，虽然该短语只有三个元音，但是却有着特别多的辅音连缀，对演唱和听众听感也会造成一定的影响。所以笔者建议当遇到这种辅音连缀的单词或短语时，可使用同义词或近义词对其进行替换。

4.2 保持译后歌词轻重音与原曲强弱拍一致

"韵律匹配"要求歌词的轻重音与音乐的强弱拍相吻合。英语是语调语言，重读音节的位置可直接影响到语义，译者在翻译时需注意此点。例如赵彦春所译的中文古风流行歌曲《菊花台》（见图7）。

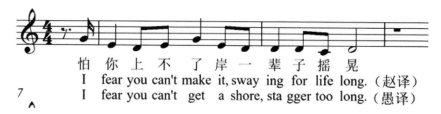

图 7　赵译《菊花台》

菊花台是 F 调四四拍的歌曲，其节奏型是"强，弱，次强，弱"。"一"这个音节应为轻拍，"辈"这个音节应为重拍，对应赵译本中，"sway"音节应为轻拍，"ing"音节为重拍，与 [ˈsweɪŋ] 完全相反，故听起来有一种不合拍的感觉。愚在此基础上进行微调，前半句采用直译法将"怕你上不了岸"译成"I fear you can't get ashore"，由六个音节变成七个音节。后半句采用意译法，将"一辈子摇晃"译为"stagger too long"。由五个音节变成四个音节。在保证总音节数量不变的前提下，解决了译后歌词强弱不合拍的问题，将"摇晃"译为"stagger"，更易表达出歌曲中人物惆怅、犹豫不决的心理。

4.3 保证译后歌词停顿与原曲停顿一致

"诗意匹配"要求歌词的顿歇与音乐的顿歇应该保持一致。译词要尊重音乐的节奏，要与音乐的顿挫相符（Low，2016：95）。若译词断句与音乐节奏错位，演唱起来仿佛就是点错了标点，听起来可能不知所云（覃军，2021）。如赵彦春所译的中文古风流行歌曲《菊花台》（见

图 7）。

原曲的断句为"怕 / 你上不 / 了岸，一 / 辈子摇 / 晃"，其中" / 了岸，一 /"中有逗号，而逗号的位置并非音乐停顿的位置，且"一 / 辈子"和"摇 / 晃"等固定短语也被音乐节奏所断开，听起来像断错句一般。赵译的断句为"I/ fear you can't/ make it, sway/ing for life/ long."，其中"sway/ing"双音节单词落在了乐节停顿处，与单词本身的停顿不符。故笔者在此进行微调，将其译为"I/ fear you can't/ get ashore, / stagger too /long."在保证语义的同时也避开了多音节单词被音乐节奏停顿所断开的情况。

4.4 灵活使用、更换韵脚

"诗意匹配"要求歌曲要有一定的押韵。汉语诗歌韵脚单一，常一韵到底，而英文诗歌则换韵频繁，歌词韵式常见 abab、aabb 和 aabccb 三种（薛范，2002：81）。英文歌曲可以采用汉语押韵的格式"一韵到底"，让原词的语感在译词中得以再现，如覃军（2021：154）配译的《领悟》（见图 8）。

啊！一段感情就此结束	[u]
Ah! What has left when love is to conclude	[u:]
啊！一颗心眼看要荒芜	[u]
Ah! What remains when love is to lose	[u:]
我们的爱若是错误	[u]
If our love is a wrong do	[u:]
愿你我没有白白受苦	[u]
Forget the hurt, forget the sorrow	[əu]
若曾真心真意付出	[u]
If we ever said "yes I do"	[u:]
就应该满足	[u]
That's enough for us two	[u:]

图 8　覃军配译《领悟》

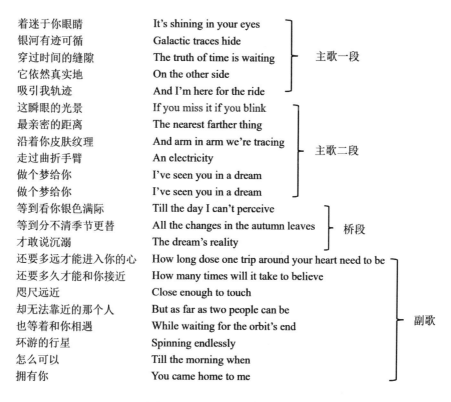

<table>
<tr><td>着迷于你眼睛</td><td>It's shining in your eyes</td><td rowspan="5">主歌一段</td></tr>
<tr><td>银河有迹可循</td><td>Galactic traces hide</td></tr>
<tr><td>穿过时间的缝隙</td><td>The truth of time is waiting</td></tr>
<tr><td>它依然真实地</td><td>On the other side</td></tr>
<tr><td>吸引我轨迹</td><td>And I'm here for the ride</td></tr>
<tr><td>这瞬眼的光景</td><td>If you miss it if you blink</td><td rowspan="6">主歌二段</td></tr>
<tr><td>最亲密的距离</td><td>The nearest farther thing</td></tr>
<tr><td>沿着你皮肤纹理</td><td>And arm in arm we're tracing</td></tr>
<tr><td>走过曲折手臂</td><td>An electricity</td></tr>
<tr><td>做个梦给你</td><td>I've seen you in a dream</td></tr>
<tr><td>做个梦给你</td><td>I've seen you in a dream</td></tr>
<tr><td>等到看你银色满际</td><td>Till the day I can't perceive</td><td rowspan="3">桥段</td></tr>
<tr><td>等到分不清季节更替</td><td>All the changes in the autumn leaves</td></tr>
<tr><td>才敢说沉溺</td><td>The dream's reality</td></tr>
<tr><td>还要多远才能进入你的心</td><td>How long dose one trip around your heart need to be</td><td rowspan="8">副歌</td></tr>
<tr><td>还要多久才能和你接近</td><td>How many times will it take to believe</td></tr>
<tr><td>咫尺远近</td><td>Close enough to touch</td></tr>
<tr><td>却无法靠近的那个人</td><td>But as far as two people can be</td></tr>
<tr><td>也等着和你相遇</td><td>While waiting for the orbit's end</td></tr>
<tr><td>环游的行星</td><td>Spinning endlessly</td></tr>
<tr><td>怎么可以</td><td>Till the morning when</td></tr>
<tr><td>拥有你</td><td>You came home to me</td></tr>
</table>

图 9　Sam Tsui 译《水星记》

　　汉语歌词一韵到底的确是用韵的好方法，若一味追求一韵到底，译者很容易因为可选择的词汇有限而乱用词汇，有可能会因韵害义。为使译文摆脱单一韵脚对选择词汇的束缚，可以采用英文歌曲常见押韵格式，对韵脚可以选择可采取全韵、半韵、眼韵、斜元韵、近似韵等类型，并在乐篇内把握恰当时机，适时变换韵脚和押韵格式。如 Sam Tsui 译《水星记》（见图 9）。

　　《水星记》原曲采用了一韵到底的押韵格式，Sam Tsui 配译的主歌一段采用 aabaa，主歌二段采用 bbbccc，桥段采用 ccc，副歌采用 ccdcecec。从主歌一段到主歌二段、主歌二段到桥段、桥段到副歌，每一小段结束后都会更换一次押韵格式和韵脚。终止式从音乐效果上给人以完结感，用韵时，尾句韵脚须与前两句一致；半终止式从音乐效果上给人以未完结感，尾句韵脚与前两句押韵则可以从宽，效果与上一节转调换韵一致（张晔，2019：24）。所以在进行歌曲配译时，我们可借段落更替来更换韵脚和押韵格式，以此解决韵脚单一造成对词汇选择的束缚，保证译后歌曲可唱性的同时使译文表达更加流畅、词义更贴近原歌词。

4.5 保留原文对照结构及关键词

"诗意匹配"要求保持原歌词的平行对照结构以及关键词。笔者认为，应在保证歌曲的"韵律匹配"及押韵和顿歇的情况下再考虑此点。"韵律匹配"保证了歌词可入曲演唱的最基本条件，押韵和顿歇一致可以提高歌曲的可唱性，保留原文结构及关键词可再现原歌词的诗性，使其在演唱或欣赏时更美观。如赵彦春所配译的《青花瓷》（见图11）。

图 10　赵彦春配译《青花瓷》

《青花瓷》是由周杰伦谱曲，方文山作词，钟兴民编曲的一首中国古风流行歌曲。该曲的曲调温柔委婉、淡雅脱俗，歌词中也多见平行对照结构，如歌曲的前两句歌词"素胚勾勒出青花笔锋浓转淡，瓶身描绘的牡丹一如你初妆。"中的"素胚"对"瓶身"、"勾勒出"对"描绘的"、"青花"对"牡丹"。故笔者在保证歌曲的韵律匹配和韵脚及顿歇一致的情况下，对赵译本进行微调，最大程度还原文中的平行对照结构。将"Sketching the clay"对"portraying the vase"，二者均是动宾结构，对应"素胚勾勒"和"瓶身描绘"。其次"cyaning bloom"对"with peony"，在语义上形成"青花"对"牡丹"。

译者还应尽量保留原文的关键词及其位置，例如杨家成和王迪迩所译的 *Mojito*（见图 11）。

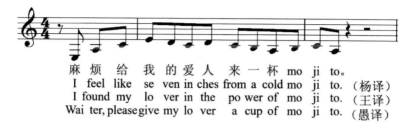

图 11　杨译、王译 *Mojito*

Mojito 是一种传统的古巴鸡尾酒，黄俊郎以此酒为主题，为周杰伦这首轻快节奏、随兴摇摆曲风的曲子填写出中文词。杨译和王译均采用改译法，译后关键词"mojito"均保留在原歌词中"mojito"的位置，在一定程度上还原了原曲的特色。笔者则增译了"waiter"一词，为歌词增加了主语，其余部分采取直译，最大程度还原原歌词含义。译后关键词位置与原歌词关键词位置相同时，不仅可以在一定程度上还原原歌词含义，还可让听众获得认同感。

5　结语

歌曲作为人类日常娱乐方式之一，同时也能促进语言学习和文化交流，歌曲传播思想远比文字传播思想更容易被人接受。歌曲配译的过程不仅既涉及到源语言和译入语两种语言，同时也涉及到音乐学的知识。译者需要在多条限制规则下进行翻译活动，难度不言而喻。流行歌曲的主要受众是年轻人，中文流行歌曲配译是一种向外国年轻人宣传中国文化的方式。当今也正是网络短视频流行的时代，一些优秀的中文歌曲配译作品在一些平台上取得了可观的流量和赞赏。优秀的译者和歌手可以利用此时机，让西方听众通过歌曲配译来接触中国歌曲，感受中华文化魅力。

【参考文献】

[1] Franzon J. Choices in song translation: Singability in print, subtitles and sung performance[J]. *The Translator*, 2008, 14(2): 373-399.

[2] Low P. *Translating Song: Lyrics and Texts*[M]. Taylor & Francis, 2016.

[3] Low P. Singable translations of songs[J]. *Perspectives: Studies in Translatology*, 2003, 11(2): 87-103.

[4] 陈水平，何高大．目的论与歌曲翻译之标准 [J]．外语教学，2009，30（04）：100-103. DOI:10.16362/j.cnki.cn61-1023/h.2009.04.013.

[5] 廖志阳．论薛范英文歌曲汉译的理论与实践 [D]．长沙：湖南师范大学，2008．

[6] 廖志阳．论薛范歌曲翻译的三项要求 [J]．西安外国语大学学报，2010，18（01）：71-74. DOI:10.16362/j.cnki.cn61-1457/h.2010.01.010.

[7] 卢明玉．以中西文化差异探析中英歌词翻译 [J]. 河北学刊，2009，29（06）：194-196.

[8] 覃军．中国歌曲"走出去"：译配原则与方法 [J]. 中国翻译，2021，42（04）：150-157.

[9] 覃军，周倩．歌曲翻译的名与实——兼评彼得·洛的《歌曲翻译：歌词与文本》[J]．燕山大学学报（哲学社会科学版），2022，23（01）：28-34. DOI:10.15883/j.13-1277/c.20220102807.

[10] 孙婷，李莎．目的论与歌词英汉翻译之标准 [J]．安徽文学（下半月），2010（02）：174+176.

[11] 王琛．基于"五项全能原则"的英汉歌曲互译探究 [D]．厦门：厦门大学，2014．

[12] 吴硕，姜琦，毛伟伟．流行歌曲歌词创作的文学性研究 [J]．音乐天地，2021（06）：59-63.

[13] 向云．歌曲译配中变译策略研究 [J]．海外英语，2022（15）：43-45.

[14] 薛范．歌曲翻译探索与实践 [M]．武汉：湖北教育出版社，2002（05）．

[15] 杨晓静. 音、语、点三符全译转换说 [J]. 学习与探索，2011（04）：233-
235.

[16] 詹红娟. 从功能对等探讨英语歌名翻译 [J]. 吉林广播电视大学学报，2009
（06）：23-24+69.

[17] 张琛. 中西文化差异下的中英歌词翻译原则及方法 [J]. 教育现代化，
2018，5（05）：308-309+316. DOI:10.16541/j.cnki.2095-8420.2018.05.132.

[18] 张潇丹. 五项全能理论指导下的中文流行歌曲翻译实践报告 [D]. 沈阳：东
北大学，2020.

[19] 张晔. 外文歌曲译配中腔词关系处理技巧新探 [J]. 天津音乐学院学报，
2019（03）：22-30. DOI:10.16274/j.cnki.cn12-1280/j.2019.03.002.

[20] 周志培. 汉英对比与翻译中的转换 [M]. 上海：华东理工大学出版社，
2003.

Study on the Singability Strategy of Chinese Pop Songs Dubbing in English

Ying Pinghui Tan Honghui

(Yangtze University, Jingzhou 434100)

Abstract: Singability is the first principle of song dubbing. Being a tone language, Chinese popular lyrics have the phenomenon of "Zou zi" (the tone of lyrics does not match the rhythm of the music) and "Po Ju" (pausing at the wrong place of a sentence) and thus the lyrics' meaning is affected by the melody and rhythm; As a contrast, being an intonation language, English pop lyrics have the phenomenon of "Po Ju"(pausing at the wrong place of a sentence). The syllable stress of English lyrics must be consistent with the rhythm of the song, and the meaning of the lyrics is more susceptible to the rhythm of the song. In order to improve the singability of Chinese pop songs being translated into English, translators must take into account "prosodic match" and "poetic match". By amplification, omission, literal translation, free translation, and adaptation, firstly, the number of syllables after translation should be maintained to be roughly the same as the original version. Besides, the stressed syllables of the translated lyrics should coincide with the downbeats of the music. Thirdly, lyrics pauses should be consistent with the musical pauses. Fourthly, the rhymes and rhyme-scheme should be used flexibly. Finally, the parallel control structures and keywords of the original text should be retained.

Key Words: Song Dubbing; Phonological Differences between English and Chinese; Singability

作者简介： 英萍辉，长江大学硕士研究生，主要研究方向：歌曲翻译。

谈宏慧，长江大学教授，硕士生导师，主要研究方向：英汉语对比与翻译、英语教学理论与实践研究等；Email: tanhonghui@yangtzeu.edu.cn。

基金项目： 湖北省高等学校哲学社会科学重大项目"《楚辞》文化融入高校英语课堂教学研究"（项目编号：20ZD037）；湖北省级教学研究项目"'新文科'背景下商务英语一流本科专业建设研究"（项目编号：2020411）的阶段性成果。

学术动态与学界之声

讲好中国故事　为构建人类卫生健康共同体助力

——以安徽省援也门医疗队为例

周玉森

（安徽外国语学院）

【摘　要】今年是中国援外医疗队派遣 60 周年，60 年来，中国援外医疗队累计向非洲、亚洲、美洲、欧洲和大洋洲的 76 个国家和地区派遣医疗队员 3 万人次，诊治患者 2.9 亿人次，赢得了国际社会的广泛赞誉。安徽省援也门医疗队有近半个世纪的历史（1970—2012），累计向也门（南）派遣医疗队员 1173 人，诊治患者 900 多万人次。医疗队员以精湛的医术、高尚的医德和优良的服务态度，深受受援国政府和民众的爱戴，为受援国卫生事业和人民健康做出了贡献，进一步巩固和发展了我国与广大受援国之间的传统友谊，加强了我国与受援国之间的团结与合作，提升了我国的国际地位并树立了良好的国际形象，用实际行动讲好了中国故事，为推动构建人类卫生健康共同体作出了贡献。本文主要阐述了翻译在整个援外医疗工作中的重要作用，对于在受援国讲好中国故事，积极宣传中国医疗队的工作业绩，扩大中国医疗队的对外影响，翻译的功用不可小觑。

【关键词】中国故事；人类卫生健康共同体；安徽省援外医疗队

1 引言

习近平高度重视援外工作。2008 年，时任国家副主席习近平访问也门，专程看望中国援也门医疗队员，称赞他们在中也人民之间架起了友谊的桥梁，希望他们为促进中也友好做出新的更大贡献。

2023 年 2 月 9 日，习近平给第 19 批援助中非共和国的中国医疗队队员回信指出："中国人民热爱和平、珍视生命，援外医疗就是生动的体现。希望你们不忘初心、牢记使命，大力弘扬不畏艰苦、甘于奉献、救死扶伤、大爱无疆的中国医疗队精神，以仁心仁术造福当地人民，以实际行动讲好中国故事，为推动构建人类卫生健康共同体作出更大贡献。"

中国的对外援助白皮书指出，援外医疗队是指中国向受援国派出医务人员团队，并无偿提供部分医疗设备和药品，在受援国进行定点或巡回医疗服务。援外医疗队已经成为中国公共卫生外交与大国担当的名片。1963 年 1 月，中国第一个对外宣布派医疗队赴阿尔及利亚，从此开创了中国对外卫生援助的历史。随同医疗队派遣，中国政府捐赠药品和医疗器械。中国援外医疗队自此逐步发展。1978 年中国改革开放后，中国对外交往不断扩大，向其他发展中国家派遣援外医疗队数量也逐年增加。

今年是中国援外医疗队派遣 60 周年，60 年来，累计向非洲、亚洲、美洲、欧洲和大洋洲的 76 个国家和地区派遣医疗队员 3 万人次，诊治患者 2.9 亿人次，赢得国际社会广泛赞誉。目前，援外医疗队在全球 56 个国家的 115 个医疗点工作，其中近一半在偏远艰苦地区。

援外医疗队由国家卫生健康委统筹安排派遣，全国有 27 个省（区、市）承担着派遣援外医疗队的任务。援外医疗队的专业组成多样，以内、外、妇、儿、眼科、耳鼻喉科、骨科、泌尿科、神经外科、皮肤科、针灸、护理等临床科室为主，既有西医，也有中医，既有检验、药剂、手术室等辅助科室，也有放射、B 超、CT 等高端检查诊断专业，还配有翻译、厨师、司机等非医疗专业人员。95% 以上的医疗队员具有中、高级专业技术职称。医疗队员一般两年轮换一次，2012 年以后，部分医疗队员每年轮换一次。除住房一般由受援国提供外，医疗队费用主要由中国财政承担。随着医疗队的派出，中国每年还向受援国赠送部分药品和医疗器械。

医疗援外是建设人类卫生健康共同体的重要组成部分；是我国外交工作的重要内容；是对外交往的重要桥梁和纽带；是一项政治性、技术性很强的任务；也是我国对外医学交流的一个重要窗口。习近平对援外医疗队工作多次发表重要讲话，他的英明论断，必将激励着包括翻译在内的援外医疗队员牢记党和祖国的重托，不辱使命，不断增强责任感和使命感；不断发扬中国医疗队精神和国际人道主义精神；不断促进受援国医疗卫生事业发展，改善医疗条件，提高人民健康水平，以精湛的医术和高尚的医德，全心全意为受援国人民服务，以实际行动讲好中国故事，为进一步巩固和发展与广大受援国之间的传统友谊，提升中国的国际地位和树立良好的国际形象，为推动构建人类卫生健康共同体做出新的更大贡献。

2 大爱无疆，开启向也门提供医疗援助之路

1966 年 6 月，为巩固和加强与发展中国家的传统友谊，由辽宁省负责选派的中国第一批援外医疗队抵达阿拉伯也门共和国（北也门）首都萨那。中国援也门医疗队由南北两部分组成。1970 年 1 月，由安徽省负责选派的中国第一批援也门医疗队抵达也门民主人民共和国（南也门）首都亚丁，从此开启了中国向也门提供医疗援助之路。中国援也门医疗队是我国援外医疗队中规模最大的一支，也是最早派出的医疗队之一。

以安徽省援也门医疗队为例，其专业组成齐备，含内、外、妇、儿、眼科、耳鼻喉科、骨科、泌尿科、神经外科、皮肤科、针灸、放射、护理等临床科室，早期还配有检验、药剂等科室，同时配备翻译、厨师、司机等人员。医疗队总部设在亚丁，1970—1985 年，安徽省援也门医疗队设立亚丁人民医院、阿比扬（省立医院）、赛永（地区医院）三个分队。由于医疗队在也门的影响迅速扩大，应也门政府的邀请，1986—

2012 年，安徽省不断向南也门增派医疗队员，在原有的基础上，逐步增设了卡登地区医院、拉哈杰省立医院、阿特戈省立医院和木卡拉省立医院等医疗分队，每个医疗分队均以中国医生为核心力量，定期组织巡回医疗服务，并经常组队深入偏远地区巡诊。如亚丁医疗分队，应南也门卫生部邀请，经常去亚丁石油医院巡诊，并向当地医疗机构赠送医疗用品，以期改善当地民众就医条件。

1990 年 5 月，阿拉伯也门共和国（北也门）和也门民主人民共和国（南也门）统一，中国援也门医疗队仍由南北两部分组成，一直沿袭到 2012 年。到 2012 年，安徽省共派遣 20 批医疗队，共计 1173 名队员，累计诊治患者 900 多万人次。同年，按照原国家卫生部调整部署，安徽省改向南苏丹派遣医疗队，同时，不再承担卫生援助也门（南）任务，中国援也门医疗队由辽宁省统一派遣。

3 三十载翻译生涯，奉献祖国援外事业。

1980 年 10 月 27 日，笔者随安徽省组建的第六批中国援外医疗队第一次赴南也门，担任阿拉伯语翻译工作。

三十载翻译生涯，用细节记忆着红海之滨的故事，以行动传递着中也人民的友好情谊。应国家医疗援外工作需要，1980—2010 年的 30 年间，笔者先后 5 次随中国援外医疗队赴也门，担任阿拉伯语翻译和医疗队的管理工作，为祖国的援外事业奉献了青春年华。在工作中，言行一致，充分运用专业知识，通过也门各种媒体和渠道，不失时机地宣传医疗队，用实实在在的医疗业绩讲好中国故事，传播好中国声音，增强了中国医疗队在受援国的影响力，促进了中也医疗卫生领域的合作。同时，坚持以文化人，展现文化自信，积极宣传中国文化，让受援国更多更好的了解中国文化，较好地树立了中国援外医疗队的对外形象。

在也门工作期间，笔者曾多次担任过中国驻也门使领馆首席翻译和记者招待会等翻译任务；多次协助使领馆承担过我国访问也门党政、卫生、贸易等高级代表团的翻译任务；多次协助中国驻也门各专家组，出色完成工作、商务谈判等翻译任务，扩大了中国公司和企业的对外宣传，为中也双边贸易创造了可观的经济和社会效益，为巩固和加强中也双边贸易合作关系打下了扎实的基础。

在五次的援外工作中，笔者亲身经历过也门内战，与队友们一道抢救也门伤病员，并临危受命，承担过中国医疗队的复派和组建工作。

4 主动作为，讲好中国故事

作为一名翻译，而且是援外工作翻译，在国外独当一面，应具备过硬的政治素养、严谨的工作作风、深厚的双语转换能力、高度的责任感和饱满的工作热情，为国家援外事业贡献力量（王静，2019：235）。翻译在援外医疗队工作中举足轻重，就知识面和能力而言，翻译是杂家。而对于援外医疗队的翻译来说，既要有扎实的语言功底，又要有杂家的文化知识；既要有外交官的个性品质，又要有丰富的社交经历；既要有跨文化交际能力（历晓寒，2021：233-234），又要有敏捷的反应能力；既要有准确的判断能力，又要有处变不惊的应变能力。援外医疗队的翻译不仅担负着医疗队的对外联络与交往，而且要扮演好"发言人"的角色，主动作为，不辱援外医疗光荣使命和祖国人民的重托，讲好中国故事，为构建人类卫生健康共同体助力。

4.1 广交朋友，讲好中国故事的初衷

笔者初次赴也门工作地点在哈达拉毛省赛永医疗分队，这里距离哈达拉毛省省会木卡拉300多公里，距南也门首都亚丁900多公里，当时通讯不发达，医疗队没有安装固定电话设备，每周固定时间到也门有关部门利用发报机喊话，向使馆请示、汇报工作，别无其他对外交往，生活上有困难，也只能向使馆申请。医疗队与地方政府官员之间没有交往，在医疗队派往赛永地区的10多年间，没有与哈达拉毛省政府官员交往过，用当地官员的话讲，中国国医疗队是赛永 - 亚丁 - 赛永。据老队员

反映，赛永地区政府官员对医疗队的态度不冷不热。

"以心相交者，成其久远。"习近平主席常说，国与国友好的基础是否扎实，关键在于人民友谊是否深厚。习主席还要求中国外交官要多走出去，广交朋友，深交朋友。援外医疗队员不仅是医生，而且是白衣"外交官"。笔者认为，要改变医疗队与地方政府官员之间没有交往的被动局面，必须志存高远，积极开展医疗队外交，走出去，主动拜访地方政府官员，让上层更多地了解医疗队、关心医疗队，进而更好地开展中也医疗卫生合作，更好地为也门人民的卫生健康服务，促进也门卫生事业的发展。

"路虽远，行则将至；事虽难，做则必成。"在我驻南也门使馆的支持下，从20世纪80年代初开始，逐渐打破僵局，开始了拜访哈达拉毛省政府官员的破冰之旅，消除了误会，改变了以往那种也门地方官员与医疗队无交往的被动局面，还经常受哈达拉毛省卫生厅邀请，派员去周边地区医院考察，医疗队的对外影响不断扩大，居住和生活环境明显改善，其他分队都向赛永医疗分队投来羡慕的目光。此举也得到了使馆的充分肯定和高度赞扬。

作为一条经验，此后，安徽省援也门医疗队抵达也门后的第一件事，就是广泛开展外事交往，主动宣传，彰显中国援外医疗队特色，让也门民众更好地了解中国医疗队。总队长主动拜访卫生部部长，各分队长主动拜访当地政府官员，如省长、卫生厅厅长，以及所在医院院长，汇报医疗队员的组成情况和专业特色，并赠送医疗器械和药品。此举得到了也门地方政府官员们的认可和赞扬，为增进中也医务人员之间的友谊与了解，改善医疗队生活环境和条件发挥了积极的作用。

精诚所至，金石为开。此后，每逢医疗队员新老交接之际，也门地方政府官员省长都亲临医疗队驻地接见医疗队全体队员。也门电视台、报纸等各大新闻媒体都会对此作跟踪报道，向社会和民众发布中国医疗队抵达也门的消息。医疗队高难度手术、重大抢救手术等屡见也门报端，并经常得到也门电视台的采访报道。如1996年6月，在我卫生部代表团访问也门之际，笔者应邀与也门《10.14日报》记者塔哈·海德尔共同撰稿，在该报6月10日第7版，以《高尚的人道主义服务，忘我的工作精神》的醒目标题，整版报道了中国援也门医疗队亚丁分队全体队员，详细报道了亚丁分队的专业组成情况，高度赞扬了中国医生的精湛医术和忘我的工作精神。也门人民对中国医生的信赖和敬仰跃然纸上，中国医疗队在也门人民心中产生的影响巨大，中也两国人民之间的情谊之深，可见一斑。

4.2　建章立制，讲好中国故事的支点

建立会谈、拜访制度，有助于增进医疗队与所在医院之间的了解，密切双方卫生合作关系，增强医疗队员和也门医护人员之间的友谊，更有助于开展医疗工作。

经笔者建议，各医疗分队与所在医院院方建立月会谈制度。制度规定每月的第一周周一，医疗分队队长与翻译约见院长，会谈内容包括：通报医疗队上一个月的医疗工作情况，各科开展手术例数、重大手术和抢救人数、各科完成门、急诊就诊人数、出入院人数，以及麻醉、检查科室完成工作量等；拟开展哪些重大手术，需要院方给予配合与支持等问题；对也门医生的带教情况；在工作和生活中遇到的亟待解决的问题等。同时听取院方对医疗队的工作提出合理化意见和建议。

此外，每月预约拜访医疗队所在省份的省长、卫生厅厅长、地区卫生局局长等。拜访的目的主要是汇报医疗队上一个月的医疗工作情况；与院方的合作情况；医疗队在工作和生活上需要地方官员协助解决的问题，以及帮助我驻也门使领馆约见地方政府官员等事宜。

事实证明，会谈和拜访制度的建立，不仅融洽了中也双方医务人员之间的关系，改善了工作氛围，减少了相互之间不必要的误解，而且深化了中也卫生领域的合作，增进了中也两国人民之间的友谊。

4.3　依托媒体，讲好中国故事的途径

中国援外医疗队在也门治愈了大量的常见病和多发病，成功完成了许多重大外伤医疗抢救任务，创造了一个又一个医疗奇迹，在过去半个

世纪的医疗援外工作中，为也门人民的生命健康和医疗卫生事业的发展，做出了不可磨灭的贡献。一批批医疗队员精湛的医术和高尚的医德，以及青春、热血甚至生命，赢得了也门政府和人民的高度赞誉和真诚友好，为祖国和人民赢得了荣誉。

努力拓宽对外宣传途径，通过新闻媒体广泛宣传中国援也门医疗队的工作业绩，是援外医疗队翻译永恒的研究主题。翻译主动作为，与也门政府官员、合作对象等保持密切沟通和联系，与新闻媒体广交朋友，会对宣传和扩大医疗队在也门的影响，讲好中国援外医疗队故事，让广大也门民众更好地了解中国医疗队，增强中也医疗卫生领域的合作，巩固中也传统友谊产生积极的促进作用。

也门新闻媒体与中国医疗队有着密切合作的传统友谊，近半个世纪以来，南也门党报《10.14 报》、北也门党报《9.26 报》、《共和国报》、也门地方报《天天报》《萨达报》《道路报》《工人之声》周刊、亚丁电视台，以及新华通讯社等及时跟踪报道了中国医疗队在也门的工作业绩，重大抢救手术，以及首例病例等。受篇幅所限，现仅将部分报道以标题的方式列举如下：

1986—2004 年期间，也门新闻媒体等对中国医疗队的部分报道

编号	报刊名称	标题	报道时间	作者	译者
1	《1.14 报》	西娜又笑了（记一次神经外科重大抢救手术）	1986.11.7 第 4 版	也门记者	笔者
2	《1.14 报》	我国成功开展眼病患者复明手术（报道眼科吴义龙医生）	1987.1.24 第 1 版	同上	同上
3	新华通讯社	中国医生吴义龙治愈一名也门眼病患者，使其重见光明	1987.1.28	新华通讯社编发	同上
4	《10.14 报》	也中医生并肩合作 大量手术获得成功 ——采访赛永地区卫生局	1987.8.7 第 4 版	也门记者	笔者
5	《工人之声》周刊	角膜移植术获得成功 ——亚丁人民医院首例	1987.8.27 第 10 版	同上	同上

编号	报刊名称	标题	报道时间	作者	译者
6	《10.14 报》	中国针灸及其疗效	1988.3.24 第 3 版	笔者	同上
7	《共和国报》	173 名中国医疗队援在也门工作，并在东南部省份成功开展 1546 例大手术	1996.1.14 第 3 版	也门记者（部分内容由笔者供稿）	同上
8	《10.14 报》	崇高的人道主义义务 忘我的工作精神 ——访亚丁医院中国医疗队	1996.6.10 第 7 版	也门记者	同上
9	《天天报》	中国卫生部代表团访问也门	1996.6.12 赛永讯	同上	同上
10	《10.14 报》	探讨增派中国医疗队和培训也门医务人员的可能性 中国卫生部援外办公室主任牛忠俊先生在也门访问期间，接受《10.14 报》记者采访	1996.6.14 第 2 版	同上	同上
11	同上	阿比洋省省长接见中国卫生部代表团一行	1996.6.14 第 2 版	同上	同上
12	亚丁广播电台	阿比洋省卫生厅厅长萨利姆医生接受亚丁广播电台记者采访 在讲话中高度赞扬中国医疗队在拉兹医院发挥了中坚作用	2004.6.17	同上	同上
13	《天天报》	阿比洋省拉兹医院中国医生成功开展 10 公斤重囊肿切除术	2004.7.1 第 7 版	同上	同上
14	同上	阿比洋省拉兹医院中国医生成功开展肾固定术	2004.7.6 第 3 版	同上	同上
15	同上	阿比洋省拉兹医院为一例女童成功开展植骨术 ——访中国医疗队阿比洋分队长周玉森（笔者翻译兼分队长）	2004.7.14 第 8 版	同上	同上

（续表）

编号	报刊名称	标题	报道时间	作者	译者
16	同上	拉兹医院中国医生成功开展骨移植手术	2004.8.25 第 6 版	同上	同上
17	同上	阿比洋省省长接受本报采访，赞扬拉兹医院中国医疗队所做出的成绩	2004.8.14 第 3 版	同上	同上
18	《10.14 报》	驻阿比洋中国医疗队在简陋的条件下取得优异成绩 一年来成功开展外科手术 1456 例	2004.12.12 第 7 版	同上	同上

注：以上报道资料在国家卫健委和安徽省卫健委均有存档。

　　"国之交在于民相亲，民相亲在于心相通。"也门新闻媒体对中国援外医疗队的密集报道，折射了也门民众的心声，医疗队员被也门人民亲切称为"دكتور صيني"（杜克图尔隋尼）（音译），意为"中国医生"。"中国医生"在也门远近闻名，除了承担所在医院的主要医疗任务外，医疗队所在医院还是其他医院转诊的首选医院，以至于邻国患者都慕名而来。队员们很少有完整的休息日，下班和节假日在驻地接待也门患者，几乎成为常态。无论什么时候，只要有患者来求医，队员们总是热情接待，让患者满意而归。

　　中国医疗队在也门，医术精湛，不畏艰难，服务热情，工作认真，一丝不苟，可谓是家喻户晓，妇孺皆知，有口皆碑，赢得了也门各级政府、官员的高度赞誉，与也门人民结下了深厚的友谊，深受也门人民称道，是也门人民的"好朋友，好伙伴"。医疗队所到之处，都能听到"صيني تمام"（隋尼，塔玛姆）（音译）！（意为中国人，好！）"的呼喊声。

　　中国医疗队还在也门留下了许多可歌可泣的动人故事，颇具代表性的有曾三赴也门的医疗队员，现清华大学医院管理研究院院长、高级顾问、中国医学科学院、北京协和医院准聘长聘教授刘庭芳，她曾为也门患者献血，还为一大面积烧伤女孩献皮，成功挽救了女孩的生命，在也门被传为佳话。

每逢中也两国重大节假日，如中国的传统春节、阿拉伯国家的开斋节，省长、卫生厅厅长等官员亲临中国医疗队驻地慰问医疗队员，并送来慰问品。每逢医疗队员期满回国，或新队员抵达也门，当地政府都要举行隆重的欢送或迎接仪式，并向老队员颁发荣誉证书和纪念品。

4.4 "授之以渔"，讲好中国故事的拓展

"授人以鱼，不如授之以渔"。中国医疗队在也门，变的是队员的新老交替，不变的是与也门医护人员之间的传帮带。在翻译的配合下，医疗队员除了日常的医疗工作外，还积极拓展工作范围，开展医疗技术培训工作，为也门留下了一支不走的医疗队。主要体现在：

第一，临床带教。医疗队员无论是临床、麻醉、放射科医生，还是病房、手术室护士，他们有一项重要的任务，就是手把手带教也门医护人员。也门临床医生无论是毕业于本国医学院校，还是留学于中国或其他国家，经中国医疗队一批一批带教过的医护人员，后来都成为当地医院的技术骨干，有的医护人员还可以用简单的汉语与中国医生进行工作交流。

第二，专题讲座。应所在医院的邀请，已开展针灸、普外、心血管内科等专题讲座，麻醉、放射等科室医疗队员还被邀请到亚丁大学医学院讲课。通过一批接一批的临床带教和专题讲座，医疗队所在医院的医护人员在理论和实践上得到了系统的培训，促进了他们的成长，使他们的医疗技术和诊断水平显著提高，更好地为也门人民的健康服务。

第三，编写教材。第13批亚丁分队眼科医生李军，积极收集也门眼病资料，用英文编写《也门眼病图谱》一书，该书于1997年2月在也门出版，被时任也门卫生部副部长克里姆评价为："填补了也门眼科学的一个空白"。后来，该书也被作为也门医学院校的教学参考书。

4.5 以文化人，讲好中国故事的创新

文化交流是民族文化发展和繁荣的生长点。习近平强调："要更好推

动中华文化走出去，以文载道、以文传声、以文化人，向世界阐释推介更多具有中国特色、体现中国精神、蕴藏中国智慧的优秀文化。"（李潇君，2021）中阿文化交流源远流长，底蕴深厚。借助援外医疗平台，让世界读懂中华文明，对中华文化有更多的了解，是援外翻译的应尽职责和义务。外语对于一名语言工作者而言，不是一门工具，它本身就肩负着传播文化，宣传文化，乃至于研究文化传承历史的责任。更因为语言是人类文明世代相传的载体，是相互沟通理解的钥匙，是文明交流互鉴的纽带，对文化传承和发展举足轻重（吴岩，2021：3-6）。

图书是文化的主要载体与传承方式之一，文化的外宣翻译是实施中国文化"走出去"战略的有效路径。在历次的也门工作期间，笔者不仅通过也门报纸、电视台等新闻媒体及时报道中国医疗队工作、重大抢救手术、首例病例等情况，而且在也门《10.14》报上发表过阿拉伯语诗歌，还经常在也门其他报刊上发表中国古代寓言故事、幽默故事等译稿。并在也门翻译出版《中国古代寓言故事》一部，于1997年，由也门《10.14》新闻出版社出版，也门文化部驻亚丁分部次长费萨尔为该书作序，并向笔者颁发荣誉证书。也门《10.14报》、《天天报》、《道路报》等纷纷报道了该书的出版消息，并给予了高度评价，称该书为也门文库填补了空白，有助于也门人民更好地了解中华文化。

中国驻亚丁总领馆向也门文化旅游部发布赠书照会，并对该书的出版和传播中华文化给予了充分肯定。国内《阿拉伯世界》、卫生部《援外通讯》等刊物均发布了该书的出版消息。可见通过宣传中国文化，不仅增进了中阿两国人民之间的友谊和了解，而且扩大了中国援外医疗队在受援国的影响。对于讲好中国故事，让中华文化走向世界，提升中华文化影响力与文化自信，搭建民心相通、文明互鉴的桥梁，发挥了积极作用。

此外，笔者结合翻译工作实际，出版了《阿拉伯应用文写作指南》一书，该书内容涉及面广，实例丰富、实用，为涉外工作的阿拉伯语翻译人员提供了便利和参考。同时，对于高校阿拉伯语写作课来说，也不失为一部较好的参考书。

5　结语

　　总之，讲好中国故事，译者重任在肩。医疗援外是构建人类卫生健康共同体的重要组成部分，一批批援外医疗队员用自己的一言一行，弘扬中国医疗队精神，以仁心仁术服务受援国人民，巩固和发展与受援国之间的传统友谊，为医疗援外增光添彩。中国医疗援外还在继续，翻译在医疗援外工作中肩负着重要的桥梁和纽带作用，只要"译"心向党，踔厉奋进，就一定能把中国故事讲好，为构建人类卫生健康共同体发挥更大的作用。

【参考文献】

[1] 习近平给援中非中国医疗队队员的回信 . [EB/OL]. （2023-2-10）. http://cpc.people.com.cn/n1/2023/0210/c64094-32621464.html

[2] 中国的对外援助白皮书（中文）. 国务院新闻办公室网站 . [EB/OL]. （2018-8-6）. http://www.cidca.gov.cn/2018-08/06/c_129925064_4.htm

[3] 习近平回信勉励援中非中国医疗队队员 以仁心仁术造福当地人民 以实际行动讲好中国故事 . [EB/OL]. （2023-2-10）. https://baijiahao.baidu.com/s?id=1757414825767241333&wfr=spider&for=pc

[4] 王静 . 国家援外培训工作中翻译人员应具备的基本素质与翻译技巧浅谈 [J]. 翻译研究，2019（3）：235.

[5] 历晓寒 . 外语人才的文化自信与跨文化交际能力培养研究 [J]. 海外英语，2021（20）：233-234.

[6] 李潇君 . 推动中华文化走出去 增强国家文化软实力 [N]. 光明日报，2021-06-16.

[7] 吴岩 . 抓好教学"新基建"培养高质量外语人才 [J]. 外语教育研究前沿（原名《中国外语教育》），2021（2）：3-6.

Tell the Chinese Stories Well and Offer Help to Build a Community of Human Health
—Taking Anhui Province's Medical Aid Team to Yemen as an Example

Zhou Yusen

(Anhui International Studies University, Hefei 231200)

Abstract: This year is the 60th anniversary of the Chinese foreign-aid medical teams to send. In the past 60 years, China has sent 30,000 medical workers to 76 countries and regions in Africa, Asia, the Americas, Europe and Oceania, and there were 290 million patients had been treated by Chinese foreign-aid medical teams, which has won widespread praise from the international community. About half a century ago (1970—2012), it started to send foreign-aid medical teams in Anhui Province, and sent 1,173 medical workers to Yemen (south), where more than 900 million patients had been treated by them. Thus China's foreign-aid medical teams' consummated medical skills, noble medical ethics and good service attitude, won the affection from the recipient country, contributed to the health care industry and people's health of the recipient country, and strengthened the unity and cooperation between our country and the recipient country, also the traditional friendship between China and the recipient country has been further consolidated and developed. At once, China's international status has improved, and also set a good image in the world. In short, the medical workers have told the chinese stories well, and contributed to promoting the construction of human health community. This article mainly expounds the translator has played a very good role, in the entire medical work of foreign aid, to tell the Chinese stories well, promote the performances of Chinese medical team, and show the cultural confidence in the recipient country.

Key Words: the Chinese Stories; Human Health Community; Foreign

Aid Medical Team of Anhui Province

作者简介： 周玉森，阿拉伯语副译审，安徽外国语学院东方语言学院阿拉伯语副教授，本科，主要研究方向：阿拉伯文化。

推进国家治理能力建设，提升国家语言服务能力

——中国英汉语比较研究会语言服务研究专业委员会第三届学术会议综述

黄远鹏

（山西师范大学）

【摘　要】中国英汉语比较研究会语言服务研究专业委员会第三届学术会议以"推进国家治理能力建设、提升国家语言服务能力"为主题于 2022 年 11 月 19 日在山西省太原市线上举办。本次会议分为主论坛与两场分论坛：主论坛以"口译、翻译理论科学评价、翻译与国际传播人才培养、语言服务、翻译与治理"为主题进行了深入探讨；分论坛以"翻译技术与语言服务及翻译学研究"进行了学术探讨。本文就此做出综述。

【关键词】语言服务；会议综述

1　引言

2022 年 11 月 19 日，由中国英汉语比较研究会语言服务研究专业委员会主办、山西师范大学外国语学院与《英语周报》社共同承办的中国

英汉语比较研究会语言服务研究专业委员会第三届学术会议成功举办。本次研讨会以"推进国家治理能力建设、提升国家语言服务能力"为主题，内容丰富，形式多样，共设 6 场主旨发言，10 场专题研讨。大会采取线上形式召开，四十多位语言服务研究专业委员会理事及国内多所院校的老师及研究生参加了会议，大会通过腾讯会议对外直播。

山西师范大学副校长范哲锋教授与中国英汉语比较研究会副会长、语言服务研究专业委员会会长、北京第二外国语学院高级翻译学院院长司显柱教授做开幕致辞。北京第二外国语学院司显柱教授、山西师范大学黄远鹏教授、北京语言大学王立非教授、北京外国语大学任文教授、上海外国语大学韩子满教授及中国海洋大学任东升做主旨发言。中国政法大学徐珺教授、中国海洋大学贺爱军教授、吉林外国语大学谢旭升教授、华北电力大学高霄教授、内蒙古大学李满亮教授、海南师范大学陈义华教授、广西民族大学李学宁教授、河南师范大学张志强教授、北京外国语大学王华树副教授、中国石油大学（华东）韩淑芹教授做分论坛发言。论坛发言由北京航空航天大学文军教授、北京师范大学刘永厚教授、合肥工业大学韩江洪教授以及陕西科技大学李稳敏教授主持。

范哲锋副校长代表山西师范大学在开幕词中对与会嘉宾致以热烈欢迎。范校长就办学条件、师资力量、学生情况、教育教学改革历程以及成就、师范教育相关计划等方面对山西师范大学进行了介绍，同时对山西师范大学未来进行了展望。范校长指出山西师范大学下一步将把立德树人根本任务抓在手里，把学科建设作为发展根基，把深化改革作为强大推动力，不断提高办学能力。范校长最后向组委会以及专家表示诚挚感谢，希望专家们多提宝贵意见，同时邀请各位专家在适当的时候来师大访问交流。

中国英汉语比较研究会副会长、语言服务研究专业委员会会长司显柱教授向与会嘉宾和参会学者表示诚挚欢迎，希望各位专家学者珍惜这次交流机会，最终有所获，有所得。

2 主论坛综述

第一位主旨发言人为北京第二外国语学院司显柱教授。发言题目为

"信息商品理论视域下远程视频口译的价值实现研究"。司显柱教授基于信息商品理论，对远程视频口译这一信息商品的价值及其价值实现方式进行介绍。辅助终端设备、电脑等生产资料以及口译员翻译劳动是远程视频口译的价值源泉，经过翻译过程，远程视频口译生产出译语、术语库等成品。客户通过等价交换可获得其使用价值，信息消化成本进一步降低，商品价值得以实现。此外，在远程视频口译商品价值创造过程中，信息的累积性、非一次性、速度性等特征降低了该商品的平均成本和边际成本，以一种具体化的方式实现了商品的补偿价值。这体现了远程视频口译作为商品的经济属性，有利于增强远程视频口译的市场竞争力，促进其良性循环发展。

第二位主旨发言人为山西师范大学黄远鹏教授。发言题目为"从哲学的视角对翻译理论的探索——运用科学研究纲领对语篇翻译理论的历史个案研究"（本发言的研究基础参见黄远鹏，2009）。黄教授尝试运用拉卡托斯的科学研究纲领对哈提姆的语篇翻译理论进行历史个案描写。他首先对哈提姆和梅森的《语篇与译者》进行理性重构，然后探索哈提姆对《翻译教学与研究》所做的调整，最后运用拉卡托斯研究纲领批判了哈提姆的理论建构。他认为研究纲领提供了描写翻译理论历史个案研究的框架，可以用于评判翻译理论的进步性问题，有助于理解翻译理论的共性特点。

第三位主旨发言人为北京外国语大学任文教授。发言题目是"翻译与国际传播人才培养：理念与能力构念"。任教授以习近平总书记2021年"5·31讲话"中提出要以加强国际传播能力建设倡议为出发点，阐述了翻译与国际传播的关系，她从二者的关系出发，探讨翻译与国际传播跨学科人才培养的理念及相关能力构建。最后任教授就北京外国语大学高翻学院在翻译与国际传播方面所做的尝试进行了精彩的视频展示。

第四位主旨发言人为北京语言大学王立非教授。发言题目是"喜庆二十大，语言服务这十年"。王立非教授总结语言服务近十年的发展，从国家战略、人才培养、学科建设、学术研究、社会服务等方面所取得的成就对语言服务成就进行了回顾，并对未来发展方向提出建议。王立非教授的讲座数据翔实、事例丰富，精确指出了语言服务的研究热点与发展趋势。

第五位主旨发言人为上海外国语大学韩子满教授。发言题目是"翻译工程方向建设与语言服务人才培养"。韩教授基于翻译工程方向融通技术、数据与翻译，将翻译能力训练和信息技术及语言数据技术培养相结合，致力于培养胜任信息时代数据环境下的语言服务人才。会上韩教授还介绍了其研究方向设定的理论依据是新时期我国语言服务产业的新发展与新要求，设立与发展的基础则是翻译教学的长足发展与语言及翻译数据技术的升级和普及。该方向今后发展的重点是进一步厘清与现有MTI人才培养的关系，将更多语言服务产业的需求和工作场景带入人才培养的实践，并依托教学在翻译工程、语言服务技术研究方面取得突破。

第六位主旨发言人为中国海洋大学任东升教授。发言题目是"翻译与治理：中共八大翻译机制探析"（本发言的研究基础参见任东升，2022）。任教授认为国家层面的翻译作为国家对内治理和对外交往的必要机制之一，是塑造党和国家形象的重要话语形式和实践手段。任教授探讨了八大筹备过程及其翻译机制。八大翻译形成了"党中央—中央办公厅—翻译组"三级组织架构和"上位规划和交办、中位实施和管理、下位执行和操作"的运行机制，并形成译者协同机制和"高度忠诚"的伦理规范机制作为翻译的运行保障。从政治议题、会议规格和翻译机制看，八大翻译是国家翻译在党代会的实践创新，其翻译机制为改革开放后中央党代会设立国家翻译实践机制提供了一个可资借鉴的模式。

3 平行分论坛综述

本次分论坛分为两个主题论坛：①翻译技术与语言服务；②翻译学研究。其中分论坛一聚焦外语翻译技术与语言服务，与会专家就如何引进与教授外语翻译技术，进一步丰富语言服务形式、提高语言服务质量展开深入交流和探讨。

广西民族大学李学宁教授以"简明计算机辅助翻译软件学生操作手册"为题作了相关报告（本发言的研究基础参见李学宁，2022）。他提出大学外国语学院开设计算机辅助翻译课程面临三个棘手的问题：①需要申请经费购买价格不菲的翻译软件操作平台，后期还需要不断投入才能更新换代；②师资力量相对薄弱，因为任课教师必须具备一定的计算机专业知识；③一学期下来，学生往往只学习两个翻译软件的操作。学生下课之后，机房关闭，学生往往无法利用课余时间进行翻译软件的操作练习。然后对其编写的《简明计算机辅助翻译软件学生操作手册》进行了介绍。本书介绍了 Déjà Vu、ABBYY Aligner、Snowman、Memoq、SDL Trados Studio、Basic Cat 6 个国内外主要的翻译软件。主要包含：①软件介绍（背景、发展历程、软件版本、主要功能等），②安装；③功能；④操作题；⑤使用过程中可能遇到的问题。在安装、操作等环节，提供详细的配图。

北京外国语大学王华树副教授以"人工智能时代国内外翻译技术发展及其启示"作了相关报告。他分析了人工智能时代语言服务行业发生的重要变化，梳理国内外翻译技术的发展概况，以案例形式展示翻译技术的典型应用场景，探讨语言服务大发展背景下翻译技术带来的人机伦理问题，揭示新时代翻译技术发展与语言服务教育融合创新的新路径。

内蒙古大学李满亮教授以"语言服务本土化思考与探索"为题进行了学术报告。他从以下几个方面探讨本土化语言服务：①发现、培养、储备多语种语言服务人才，尤其注重提升高层次应急外国语服务人才培养质量，和外国语言文学学科建设和人才培养相结合；②语言服务和语言学研究，尤其是外国语言文学研究相结合；③与相关企业合作，共建应急外语服务多语种语料库实验室，语言服务和语言实验室建设相结合；④语言服务和三进工作相结合，与理解当代中国，讲好当代中国故事相结合。

海南师范大学陈义华教授以"新文科背景下地方院校外语学科的实验室建设"为题进行了学术报告。他指出随着其他兄弟科系师生外语水平的提升，外语学科作为一个工具的时代已经结束，实力雄厚的大学已回归传统人文社会科学。他以海南师范大学外国语学院为例，提出地方师范院校进行国际语言服务教育成为必然选择。在转型过程中，语言服务的转型应该服务于本地区，服务于本行业，服务于本地社会经济发展。

华北电力大学高霄教授以"'双碳'引领的语言服务体系建构探究"为题进行了学术讲座。他论述了华电"一带一路"能源语言服务研究中心面向"双碳"这一国家战略，积极探索，形成"1124N"的语言服务体系，即"一个中心、一个特色、两个基本点、四条路径、N元产出"，并指出其体系建构对行业类院校外语学科建设发展具有一定的启发意义。

五位学者的分享为探索翻译技术新形态、提高语言服务等贡献了宝贵的经验和智慧，为各领域未来的外语教学实践和研究带来启发。专题研究主题全面丰富，既体现目前我国外语翻译技术研究的热点，又有对不同类型翻译技术、不同方面语言服务以及新型外语实验室建设的深度思考和创新建设，通过多方讨论促进翻译技术课程发展和路径创新。各会场听众踊跃提问，与发言人展开热烈、开放的讨论，相互学习和借鉴，激发了英语教师和学者们新的学术思考。

专题研讨会分论坛二聚焦翻译学研究，与会专家以具体翻译案例阐述不同研究角度下的翻译形式，剖析了翻译理论与翻译实践的过程。

中国政法大学徐珺教授以"融合与创新：新技术驱动的语言服务研究与探索"为题做了报告。她在分析国内外语言服务研究、市场现状及发展趋势的基础上，从技术进步视角探索了5G技术与机器翻译技术在语言服务领域的应用与影响，并进一步提出了语言服务研究的双重技术转向。研究结果表明，机器翻译技术进步是现代语言服务业飞速发展的主要原因之一，语言服务企业应顺应时代变化，积极拥抱新技术，促进自身与行业的发展。徐教授认为其研究可为语言服务研究、学科体系构建、行业发展和人才培养提供借鉴与启示。

中国海洋大学贺爱军教授以"翻译跨学科研究的概念界说与案例剖析"为题做了报告。他指出在翻译理论研究中，跨学科研究是最缺少理论建构的一个领域，现有研究仅停留在对不同学科之间联系与区别的梳理上，很少做进一步的拓展与理论思考，跨学科研究并没有真正地走向深入。发言主要探讨如何在"新文科"视野中，通过对知识范式的清理，寻求翻译与其他学科之间汇通原则，最终实现翻译与其他学科之间的互识、互证、互补，实现知识创新和学术进步。

吉林外国语大学谢旭升教授以"译学为导、译术为要，提升语言服务水平"做了相关报告。他指出语言服务关乎对外文化传播力和国际形象的建构。高质量的语言服务基于译学为导、译术为要，因为没有高深的译学，就不可能有高质量的译术，然而唯有译学而没有译术，译学无法内化，转化为推动中国国际化进程的生产力。他强调译术为要旨在扭转当前重译学、轻译学；译学研究与服务社会脱节的现象，更好地体现语言服务的社会影响力。

河南师范大学张志强教授以"诺德与莱斯的翻译类型学异同评析"为题做了相关报告。他指出"翻译类型学"是对翻译领域各个层面存在的各类现象、各类相关因素依据某一标准的类型划分与阐释。他认为诺德与莱斯的翻译类型学在研究目的、理论基础和分类方法上存有差异和承继关系。莱斯的翻译类型学，初期主要是文本类型的分类与阐释，中期是对翻译方法类型的划分，后期是对两者的补充和完善，研究的理论基础也由语言功能理论变为行为理论。诺德的翻译类型学建立在行为理论和莱斯的研究基础上，目的不像莱斯那样为了翻译批评的客观全面，而是为了翻译教学和译员培训，她的文本功能分类和翻译过程与方法分类更加系统。缺少与莱斯相关论述的互文参照，可能引发对诺德理论的误解误译。

中国石油大学（华东）韩淑芹教授以"翻译治理实践中的国家主体化"为题进行了学术报告。她指出国家翻译实践研究将国家上升为翻译行为的主体，明确国家翻译的核心目的在于实现国家治理。国家翻译治理实践涵盖两个维度：一是国家对翻译实践的治理，国家作为上位主体既是翻译实践的赞助者也是翻译实践的规划者，决定着翻译的走向与结果；二是国家通过翻译实践实现治理，国家主体通过机构中位主体、译者（群）下位主体的翻译实践生成符合国家治理需求的话语体系，赢得话语权力，从而实现国家治理。

大会闭幕式由语言服务专委会秘书长中国政法大学徐珺教授作总结发言。最后，陕西科技大学李稳敏教授对下一届会议在西安线下举办表示了热切的期盼，并诚挚邀请语言研究专业委员会理事们明年相聚西安，继续探讨我国翻译技术与语言服务的理论与实践问题。此次学术研讨会为广大外语教师、研究者之间搭建了一个卓有成效的交流平台，也为全国英语界同人奉献了一场高端学术盛宴。研讨会对提升我国国际传播能力，讲好中国故事，传播好中国声音，展示真实、立体、全面的中国，进一步增强我国的国际话语权具有良好的作用。

【参考文献】

[1] 黄远鹏. 当代西方翻译理论科学评价探索——基于三个全面性翻译理论的研究 [D]. 济南：山东大学，2009：5.

[2] 李学宁等. 简明计算机辅助翻译软件学生操作手册 [M]. 上海：复旦大学出版社，2022：4.

[3] 任东升. 翻译与治理：中华人民共和国四次国家翻译实践解析 [J]. 英语研究，2022（1）：32-42.

Language Service Research: Overview of the Third Language Service Research Symposium

Huang Yuanpeng

(Shanxi Normal University, Taiyuan 030031)

Abstract: The Third Language Service Research Symposium was held online in Taiyuan on 19 November 2022. The symposium is organized as one main forum and two subforums. The main forum focuses on the themes of "interpretation, the scientific appraisal of translation theories, cultivating the students of international communication, language service, translation and administration"; the subforums center on the subjects of "translating technologies and language service, and translation studies".

Key Words: Language Service; Overview of the Symposium

作者简介： 黄远鹏，博士，教授，研究方向：翻译理论，翻译教学，诗歌翻译。

基金项目： 本论文受教育部产学合作协同育人项目"基于知识图谱的翻译教学研究"（项目编号：220606531155330）及 2022 年度山西省留学人员省筹资金资助项目"基于知识图谱的英语专业翻译教学研究"（项目编号：2022-125）及 2022 年度山西省研究生教育教学改革课题"基于知识图谱的 MTI 学生翻译能力培养"（项目编号：2022YJJG147）资助。